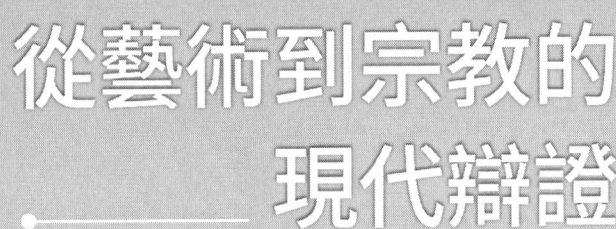

從藝術到宗教的
現代辯證
——
黑格爾
的歷史與絕對精神

Georg Wilhelm Friedrich Hegel

科技改變生活,但理念還能改變社會嗎?
當藝術淪為商品,我們還能談美與真嗎?
黑格爾不是過時哲學,他在訴說每一個當下

穿越藝術與宗教的裂縫
在辯證中重建理念與公共倫理的可能

杜秉佑 編譯

目錄

序言 ………………………………………………… 005

第一章　藝術作為精神的歷史表現 ………………… 009

第二章　象徵藝術與宗教想像的生成 ……………… 031

第三章　古典藝術的理念統一 ……………………… 053

第四章　浪漫藝術與主體性的爆發 ………………… 073

第五章　宗教的理念結構與歷史發展 ……………… 095

第六章　藝術與宗教在現代的緊張關係 …………… 117

第七章　教育與美感的辯證歷程 …………………… 141

第八章　藝術市場與當代價值理論 ………………… 177

第九章　宗教復興與倫理辯證的邊界 ……………… 213

目錄

第十章　絕對精神的實現與未竟之路……………………249

後記 ………………………………………………………277

序言

　　在 21 世紀的哲學語境中，對於「自由」與「精神」的討論顯得尤為迫切。當全球化導致文化同質化、科技發展促成倫理邊界模糊、政治制度面臨信任崩潰的同時，我們不禁要問：人類是否仍保有理解自身的能力？若保有，那麼這種「理解」是單純知識的累積，還是一種更深層的自我意識？本書即是在這樣的提問下誕生，它試圖回到一位經典哲學家的思想中尋找線索──黑格爾（Georg Wilhelm Friedrich Hegel）。

　　黑格爾的名字在當代常被視為形上學體系的象徵，也常因其體系的龐大與語言的晦澀而被邊緣化。然而，正是這種龐大與困難，才隱藏著對當代最根本問題的洞察力。在全球文化碎裂、倫理解構與理念疲弱的歷史條件下，黑格爾的系統哲學並未失去意義，反而提供我們一種稀有的「整體性視角」，使人類再次能夠看見自身不僅是自然的產物，也是精神的創造者，是自由理念的承擔者。

　　本書的基本假設是：絕對精神仍在當代發聲，只是我們缺乏理解它的語言與形式。為了回應這個召喚，我們不僅要回到黑格爾的系統架構──從藝術（Kunst）到宗教（Religion），再

序言

到哲學（Philosophie）──也必須以當代問題為坐標，重構其邏輯、倫理與制度意涵。

黑格爾將藝術、宗教與哲學視為絕對精神的三重實現形態，各自對應理念的不同表達層次：藝術是感性的顯現，宗教是象徵的結構，哲學則是概念的自我認知。這一三重劃分並非只是文化分類，而是理念自我展開的歷史邏輯。在此歷程中，我們看見理念如何從可感性世界穿越象徵層次，最終抵達思辨的自我知識。

本書在此架構下，進一步回應當代課題：藝術如何在市場與算法統治下重新找回倫理深度？宗教如何從教條與封閉中走出，成為公共倫理的創造者？而哲學──作為黑格爾體系的頂峰──是否還能在技術主導的世界中發揮理念整合的功能？

「理念未竟，歷史不止」，是本書貫穿全書的哲學信念。在第十章的核心論述中，我們不斷回到一個黑格爾式命題：自由不是一種狀態，而是一種歷程，是理念在歷史與制度中不斷實現自身的動態存在。然而今日，我們所處的世界充滿理念的斷裂：制度對自由的保障不足、文化對自由的想像貧弱、教育對自由的培養流於技術訓練。

在此情境下，黑格爾所謂的「絕對精神」是否已然死亡？或者，它是否以一種尚未被我們理解的形式，潛藏在當代文化

的裂縫與制度的懸置之中？本書提出的答案是：絕對精神未曾消失，它仍透過轉型正義的倫理辯證、透過公共藝術的集體記憶、透過宗教社群的社會行動、透過哲學的制度反思，斷續地在現代世界中發聲。

本書共分十章，採取「邏輯－歷史－實踐」三層次的辯證方式鋪陳。前三章回到黑格爾的基本系統，重構藝術、宗教與哲學三位一體的理念結構；第四至第六章探討這三者在現代社會的倫理挑戰與表達轉型；第七章至第九章則進一步延伸至當代教育、藝術市場與宗教復興等現實課題，從而彰顯理念在社會結構中的具體張力與重構可能。

最後，第十章以「未竟工程」為主題，試圖將黑格爾的自由哲學從純思辨轉化為行動方案。我們提出：唯有在歷史性（Historizität）、精神性（Geistigkeit）與制度性（Institutionalität）三者重構之處，理念才能真正再次被實現。而這一過程，不是理論家獨行的思辨任務，而是整體社會的倫理實踐與文化重建工程。

本書不僅為黑格爾注解式的詮釋工作，更是一場向當代提出理念責任的哲學行動。我們採用辯證法（Dialektik）為主要方法，融合文本分析、歷史反思與當代個案論述，試圖以跨學科之姿，回應哲學與現實之間的張力。

文化立場上，本書立足於臺灣語境，回應在地轉型正義、

序言

教育倫理與多元宗教現象的同時，也意圖連結全球性的思想困局。我們認為，哲學若要有未來，必須走出歐陸的純理論領域，進入文化與制度實踐的第一線，這正是黑格爾所謂「理念的現實性」之當代表現。

在黑格爾哲學中，自由不只是人類的天賦權利，更是一種歷史實踐中的倫理責任。當自由的理念尚未實現，它就是我們的任務；當它被扭曲、冷落或遺忘，它就成為我們必須重新召喚的倫理召集令。

本書的出版，不僅是對黑格爾思想的重構，也是一場關於未來文化可能的哲學建議。我們希望透過這本書，讓讀者重新相信哲學不僅是批判性的觀察，更是重建世界的行動起點。

第一章
藝術作為精神的歷史表現

第一章　藝術作為精神的歷史表現

1. 藝術的起源與黑格爾的美學架構

理念的感性顯現：藝術在黑格爾體系中的定位

在黑格爾的哲學體系中，藝術不僅是感官的呈現形式，更是精神發展的歷史階段之一。從《美學講演錄》開展的立場出發，藝術被視為理念（Idee）自我展現於感性世界的方式，換言之，藝術並非僅止於表象的美或技巧，而是理念藉由感官形式自我實現的歷程。因此，藝術的起源不單來自於人類對美的直覺需求，而是源於精神自身欲表達其本質的必然性。

藝術與哲學之間的中介關係

黑格爾將精神的歷史運動視為理念從自在到自為，最終達至絕對精神的自我知解。而藝術正處於此一歷程中的初步階段：它居於宗教與哲學之間，既透過感性形象揭示理念，又尚未達到哲學概念的純粹表達。這種「中介性」正說明了藝術的特殊價值，也標示了其歷史的過渡角色。藝術透過形象與感性使理念得以顯現，而哲學則在概念中將理念自覺化。這種過渡性既彰顯藝術的深刻價值，也暗示它在精神運動中的歷史性角色。

1. 藝術的起源與黑格爾的美學架構

象徵與神話：藝術的宗教起源

藝術的起源亦可追溯至宗教意識與神話結構。黑格爾指出早期藝術多數結合了宗教崇拜與神祇形象，其功能不僅是美化生活，更是讓人類得以與超越性接觸、使理念以象徵形式現身。這種象徵性的藝術表現雖未能完整呈現理念，但卻開啟了理念與感性世界對話的可能空間。古埃及神廟、印度雕像或巴比倫浮雕皆顯示出早期藝術如何將自然與神聖、個體與整體糾結於一體。

三段式藝術史：從象徵到浪漫

依照黑格爾的三段式分類，藝術史可劃分為象徵藝術、古典藝術與浪漫藝術三階段。象徵藝術常見於古代東方，其形象未能完整契合內在理念；古典藝術則在希臘達到形式與理念的和諧，尤其在人形雕塑與戲劇中展現普遍性與個體性的統一；而浪漫藝術因應基督教內在性精神的崛起，使藝術更傾向主體性抒發，轉向音樂、詩歌與小說等抒情性媒介。

這種歷史分期不僅是美學分類，更揭示精神自我發展的步伐。藝術的演化即是精神試圖在感性世界中實現自身的方式，其形式的轉變對應理念的深化與自覺。藝術從象徵性的不確定，進入古典時期的穩定與清晰，最終於浪漫主義中再度走向內在複雜與自我反思，展現出理念與形式的持續辯證。

第一章　藝術作為精神的歷史表現

現代藝術的挑戰與延續

現代藝術雖不再是黑格爾美學的中心，但其精神核心依舊延續。當代藝術所面臨的形式與內容斷裂、觀念與市場衝突、技術與人性張力等問題，實為黑格爾體系中藝術階段終結後的延伸症候。達達主義、觀念藝術與行為藝術等二十世紀運動，顯示出藝術從形式美學轉向觀念批判的歷程。

在臺灣藝術界，這種精神性的歷史運動亦有深刻回響。陳界仁的影像政治批判、王俊傑的裝置作品等，皆展現出藝術從美學意圖轉向社會介入的過程。這些作品不僅延續黑格爾藝術理念的期待，也展現出藝術於當代社會中重新被賦予的哲學潛力。

藝術的歷史角色與時代精神的展現

從歷史哲學的觀點來看，藝術的起源不僅關乎人的創造力，更涉及整體精神如何在時間中實現自我。藝術既是歷史的產物，也是歷史的推動者。每個時代的藝術都反映並形塑時代精神（Zeitgeist）。正如黑格爾所強調：「世界歷史是自由意識的進展。」藝術的起源，便是這一歷程最初的火花。

結語：藝術作為理念的深層召喚

在面對科技理性主導、感官過度刺激與價值相對化的當代社會，重探藝術的起源與其精神性維度，或許能提供我們一種反身

的思考契機。藝術不只是對世界的表象描繪,更是對世界的理念洞察與人類精神自由的表達。正如黑格爾所言,藝術的真正價值不在於裝飾或娛樂,而在於它喚起我們對存在本身的深刻體認。

2. 感性形式與理念內容的辯證關係

理念的可見性與形式的界限

黑格爾在其《美學講演錄》中指出,藝術是理念藉由感性形式進入歷史的第一階段,但這種進入並非無摩擦的和諧。理念本質上是抽象的、普遍的,而藝術作為其感性外化,則必須具體、個別地呈現,這就產生了形式與內容之間的辯證緊張。藝術作品必須在形象中揭示理念,但又不能完全被形式所束縛,否則就會變成空洞的裝飾品或僅止於技巧的炫技。

象徵藝術的過度形式性

在黑格爾的三段式藝術史中,象徵藝術代表著理念尚未能在形式中找到恰當表達的初期階段。這一時期的藝術,如埃及雕像或巴比倫神廟,是對理念的摸索性顯現,充滿象徵符碼與神祕意涵,但這些形式與內在理念之間存在極大的張力。象徵藝術往往形式壓倒內容,使藝術淪為符號的疊加與誇張,而缺乏精神的清晰展現。

第一章　藝術作為精神的歷史表現

古典藝術的和諧統一

黑格爾認為，古典藝術在古希臘達到形式與內容的高度統一，理念能夠在藝術形象中完整而自然地顯現。人形雕塑如〈擲鐵餅者〉或〈米洛的維納斯〉並非僅表現人體之美，更在於透過具象形式傳達出人與神、個體與普遍之間的和諧關係。此時期的戲劇，尤其是悲劇，也在角色與倫理衝突中展現出理念辯證的戲劇性，為藝術提供了一種精神具象化的典範。

浪漫藝術中的內在超越

當藝術進入浪漫階段，形式開始難以負荷理念日益內化的需求。音樂、詩歌與文學成為主要載體，藝術從外在形象轉向主體內在情感與靈魂運動的展現。黑格爾指出，浪漫藝術雖然深化了理念的精神層次，但其感性形式逐漸鬆動，導致藝術自我解構。這也預示著藝術終將讓位於宗教與哲學的歷史命運。

現代藝術的辯證延續

在當代藝術實踐中，這種形式與內容的張力不僅未解決，反而以更激烈的方式被凸顯出來。從抽象表現主義到觀念藝術，藝術不再強調視覺愉悅與技術純熟，而是力圖喚起觀者對理念的參與與批判。例如，馬塞爾·杜象的〈噴泉〉或瑪麗娜·阿布

拉莫維奇的〈藝術家在此〉，皆拒絕形式的愉悅性，將觀念與行為推至藝術的核心。

臺灣當代表現中的形式批判

在臺灣，藝術家亦積極投入這場辯證實驗。例如姚瑞中的〈海市蜃樓〉系列，聚焦於全臺閒置公共設施與廢墟空間的攝影紀錄，呈現現代性發展背後的政治缺席與文化失語。他透過結合地誌學觀察與批判美學，使視覺形式成為理念介入社會結構的媒介。又如謝德慶的行為藝術，將自身身體作為時間與制度批判的場域，挑戰了藝術形式的物質界限與倫理邊界。這些創作不再追求理念與形式的和諧，而是透過辯證的對抗讓觀眾面對理念本身的多義與張力。

理念的純化與藝術的終結問題

黑格爾在晚期的講演中曾提出「藝術已經不是精神最高的表現形式」的命題，這並非否定藝術的價值，而是指出理念與形式的辯證已使藝術走向其歷史角色的終點。在哲學接續藝術之後，理念得以在純粹概念中完整展現，不再依賴感性中介。但這一命題在當代重新引發思考：藝術是否真的終結？抑或它在新媒介與新技術中展現出新的形式可能？

結語：形式與理念之間的不斷辯證

感性形式與理念內容之間的辯證關係，是藝術哲學的核心問題，也是黑格爾歷史精神哲學的關鍵命題。藝術不僅揭示理念，也暴露形式的局限。在當代表現中，我們不再尋求形式與理念的穩定統一，而是學會如何在矛盾中看見精神的運動、在破裂中聽見理念的聲音。

3. 宗教象徵與理念顯現的起源

宗教作為藝術的延續性形態

在黑格爾的精神發展序列中，宗教是繼藝術之後、更進一步揭示理念的階段。若藝術是理念的感性外現，則宗教則是理念的象徵顯現，是精神透過圖像、儀式與信仰結構所進行的自我揭示。宗教不再仰賴純粹的形式美，而轉向內在意義與群體信念的表達。這樣的轉向，代表著從個體感性到普遍精神性的提升。

黑格爾的宗教分期與理念演進

在《宗教哲學講演錄》中，黑格爾依據精神發展的邏輯，將宗教分為自然宗教、藝術宗教與啟示宗教三階段。自然宗教如

印度教、埃及宗教，充滿自然神祇與萬物有靈信仰，其象徵性與藝術初階相似，理念尚未純化。藝術宗教如希臘神話體系，將神祇具象化，融入人類情感與倫理秩序，類似古典藝術的高峰。而啟示宗教，特別是基督教，則強調理念的內在性與倫理精神，轉向更純粹的信仰與思辨結構，並預示哲學概念的可能性。

象徵圖像的辯證角色

宗教圖像在黑格爾體系中具有雙重角色：一方面，它是理念的象徵性外化，使不可見的精神能以可見方式顯現；另一方面，它也是一種過渡形式，預備人類意識邁向更高層次的自我認知。以基督教聖像為例，其圖像中蘊含的不僅是形象之美，更重要的是象徵性意涵——救世主的犧牲、三位一體的結構，皆透過圖像喚起理念之思。

宗教實踐與共同體建構

宗教不僅是理念的表達，更是精神在歷史中具體化為制度與共同體的方式。從猶太教的戒律體系，到基督教的禮拜與神學論述，宗教透過象徵、語言與儀式形式，創造出集體信仰與倫理行動的框架。這種結構性實踐，使宗教不僅成為主體與理念的媒介，也成為文化秩序與政治道德的承載者。

第一章　藝術作為精神的歷史表現

從神話到神學的歷史過渡

黑格爾認為，神話階段的宗教語言多具隱喻與想像成分，無法提供理念的清晰自我認知。而神學的出現，則象徵理念經由語言體系轉向邏輯與系統性思辨，為宗教向哲學過渡奠定基礎。中世紀神學家如奧古斯丁與阿奎納，即是這一轉化過程中的重要節點。

當代宗教表現與信仰轉化

當代宗教在世俗化浪潮下出現轉型與多元發展。許多宗教實踐從制度權威轉向個體內在經驗，從正統信條轉向文化認同與靈性探索。例如，臺灣的媽祖信仰結合傳統儀式與現代觀光；基督教則在青年文化中融入音樂與社群實踐。這些轉化現象體現出宗教作為理念象徵，如何在歷史中持續調整自身形式以回應精神的當代表現。

結語：宗教與哲學的內在關聯

對黑格爾而言，宗教並非哲學的對立面，而是其準備與過渡。宗教所表達的理念，需透過哲學才能達到理念對自身的認識，也就是以概念的形式完成其自我理解與展現。黑格爾在《小邏輯》中明確指出：「宗教包含與哲學相同的真理，但是以表象（Vorstellung）的形式；而哲學則是以概念（Begriff）的形式。」

這種區分不僅反映出表現方式的差異,也揭示出理念在歷史與理性運動中的漸進性。

4. 藝術與宗教在科技時代的裂解與可能統一

現代性中的分裂現象

進入現代社會以後,藝術與宗教這兩種原本在黑格爾體系中彼此承接、逐步深化理念表現的精神形式,卻面臨劇烈的斷裂。這種裂解源於理性主義與科學技術的壓倒性進展,使宗教信仰遭遇世俗懷疑,藝術則陷入自我否定的反覆實驗。理念不再自然地穿透感性形式或宗教象徵,而是受限於市場機制與科技操控,導致藝術與宗教難以回應現代人對精神意義的渴望。

科技理性的雙重角色

黑格爾未經歷當代的數位技術革命,但其對理性的分析提供了理解科技社會的基礎。科技理性表面上促進了知識普及與溝通效率,實則可能導致精神形式的貧乏與工具化。在藝術方面,數位影像、AI創作等取代傳統技藝,使「原創性」觀念受到挑戰;在宗教方面,網路布道與虛擬祭儀雖拓展了參與形式,卻也加劇宗教體驗的去神祕化與碎片化。

第一章　藝術作為精神的歷史表現

藝術的再神聖化趨勢

面對精神失衡的現代社會，部分藝術實踐者轉而探索宗教性、儀式性與身體性的重建。如美國藝術家詹姆斯・特瑞爾（James Turrell）以光與空間為媒介創造出類宗教性的沉浸經驗；德國行為藝術家安妮・英霍夫（Anne Imhof）則透過音樂、肢體與場域交互作用，創造出儀式化的異質空間。這些實踐顯示藝術雖失去傳統宗教的象徵體系，卻可能透過形式上的「再神聖化」回應當代精神缺席。

宗教的美學轉向與文化存續

另一方面，宗教也在當代社會中發生形式上的轉向與文化性的再調整。例如在臺灣，廟宇活動不僅具有信仰功能，也逐漸轉化為地方社群認同的節慶形式，媽祖遶境便兼具宗教、文化與觀光性質。基督宗教亦在音樂會、藝術裝置與社群媒體中，尋求更為親近的信仰傳達方式，逐步從教義中心走向美感經驗中心，反映出宗教在藝術化過程中尋求理念延續的新可能。

哲學調和的可能性基礎

黑格爾哲學最為核心的主張之一，即為理念在歷史中自我調和與統一的可能性。儘管藝術與宗教在科技時代經歷斷裂，但這種分裂正是辯證運動的一部分。透過自我否定與轉化，藝

術可能重拾其喚醒理念的功能，宗教亦能在失序的文化場域中重新喚回倫理與共同體意識。黑格爾式的調和，不是復古或懷舊，而是在歷史運動中辨認出精神的新形態。

當代表現中的交會實例

在臺灣藝術實踐中亦有具體例證。如藝術家吳瑪悧的作品〈旗津灶咖〉將藝術介入傳統信仰空間，探索歷史記憶與地方宗教的融合場域。又如林羿綺在〈父域安魂曲〉、〈餘燼三部曲 II：盛宴〉與〈越洋信使〉等作品中，結合女性身體、道教符碼與聲音感知，透過儀式性的行為操作，探索宗教與藝術之間的身體性連結。這些創作指出，藝術與宗教雖曾裂解，卻在面對全球性危機與社會斷裂時再度交會。

結語：藝術與宗教的辯證未竟

正如黑格爾指出，理念的實現不是靜態完成，而是持續的歷史展開。藝術與宗教作為理念之兩種不同展現方式，其裂解並非終點，而是為新的統一創造條件。科技時代所提供的技術手段與傳播場域，也為精神形式的再生打開了新的可能。未來的藝術與宗教，或將不再各自為政，而是共同回應人類對自由、自我與終極意義的辯證召喚。

5. 從感性到理念:教育、美感與現代性困境

教育與精神形成的辯證關係

在黑格爾的體系中,教化(Bildung)不只是技能訓練或知識傳授,而是一種精神的自我生成歷程。它涉及主體如何由自然狀態經歷文化與倫理形構,最終達至理性與自由的自覺。藝術作為感性形式中的理念展現,正是這個教育過程的中介。藝術教育因此不應止於技藝操練,而必須成為精神涵養的橋梁,使學生不僅觀看藝術,更透過藝術學會觀看世界。

美感經驗與德性形成

美感經驗具有道德潛力。黑格爾認為,面對藝術作品時,主體不只是被動的感官接受者,而是理念的參與者。這種參與需要超越感性直觀,進入一種具有思辨性的觀照,從而在美的經驗中感知理念的普遍性,進而形塑其倫理與精神自覺的可能性。這種經驗促進個體德性的生成,培養其判斷力、同理心與自由感。若教育中缺乏美感訓練,則學生易淪為抽象知識與工具理性的被動承載體。

5. 從感性到理念：教育、美感與現代性困境

感性壓迫下的現代教育危機

當代教育制度往往受到效率與實用導向的制約，使藝術與美感訓練被邊緣化。教育政策逐漸傾向標準化測驗與量化評比，而非精神陶養與價值反思。這種傾向正呼應黑格爾所警示的形式與理念分離現象：學生學習形式知識，但缺乏理念內容的內在掌握，教育因此失去其真正意義 —— 即精神自由的啟動。

藝術教育作為批判實踐

藝術教育若能回歸理念導向，即可成為現代教育中最具批判潛能的場域。透過創作、詮釋與公共展演，學生不僅學會表達，更學會理解與回應社會現象。例如臺灣部分大學的藝術課程結合社會議題，從原住民族文化復振到環境藝術倡議，使藝術成為實踐倫理與公共精神的契機。這種教育方式回應黑格爾的精神哲學，強調主體必須在實踐中實現其自由。

當代表現中的教育轉向

在當代藝術實踐中，許多創作者致力於將藝術、教育與社會參與整合，透過參與式創作將藝術現場轉化為思想生成與集體行動的空間。這類實踐並不僅止於形式上的互動設計，而是強調藝術作為一種公共載體，能夠觸發在地經驗與結構性議題的深層對話。

第一章　藝術作為精神的歷史表現

　　當藝術與學校教育、社區行動彼此滲透時，創作過程不再是孤立的審美活動，而成為一種跨領域的學習與共創歷程，使參與者在具體實作中體會理念的公共性與行動性，並反思自身在社會中的位置與能動性。此類實踐不僅拓展了藝術的範疇，也模糊了藝術與教育、策展與行動之間的邊界，逐漸形構出一種以「參與」為核心的當代表達倫理。

教育與自由的結構性關聯

　　黑格爾將自由視為精神的最高實現，而教育則是達成此目標的制度性安排。教育不只是向內培養德性，也向外建構倫理社會。藝術在此提供一種「非暴力的介入」，讓理念在非強制中逐漸深入人心。當教育捨棄藝術，其實也等同捨棄自由的潛能；當教育擁抱藝術，則等於打開精神解放的歷史空間。

結語：美感與理念之間的未竟辯證

　　在科技理性與功利主義壓倒性主導的當代世界，美感與理念之間的辯證關係更加迫切。藝術教育的價值不應以市場導向或產業回報為唯一衡量標準，而必須以精神的形成與公共性的培養為根本。黑格爾的哲學提醒我們：理念唯有在歷史中透過感性而現身，而教育正是這個歷史過程的開端。

6. 美感與倫理的交錯界域：藝術行動中的道德召喚

藝術與倫理實踐的原初連結

在黑格爾的精神哲學架構中，藝術不僅作為理念的感性外化，更與倫理實踐有著內在連結。藝術作品中所呈現的不只是美，而是一種價值立場與實踐召喚。從古希臘的悲劇到現代的行為藝術，藝術始終在探問「應當如何生活」，此一命題將美學與倫理深刻結合。黑格爾認為，藝術可啟動主體對於普遍價值的自我反省，進而成為倫理意識的中介。

悲劇作為倫理張力的展演

古典悲劇在黑格爾看來是藝術倫理性的最高形式，因其透過衝突的形式將倫理秩序（Sittlichkeit）具體呈現。以《安提戈涅》為例，國法與親情兩種正當性價值彼此對峙，無法以單一善惡判準理解，這種辯證對抗促使觀者產生倫理反思。藝術因而不只是模仿現實，而是創造一個倫理場域，讓理念在矛盾中被體現與思考。

第一章　藝術作為精神的歷史表現

現代藝術與道德衝突的再現

當代藝術在倫理探問上展現出新的策略與面貌。許多藝術家選擇直面社會暴力、歷史創傷與政治壓迫，以行動或裝置形式揭示人性中未竟的課題。如艾未未透過作品批評中國政府的審查制度與人權問題，或克莉絲汀・孫・金以其作品探討聽障社群在主流社會中的處境，挑戰聲音與語言中的權力結構。這些實踐說明藝術不再是逃避現實的審美消費品，而是對倫理責任的積極回應。

臺灣藝術中的倫理聲音

在臺灣，當代藝術實踐同樣展現出倫理介入的積極可能。例如，鄭南榕紀念館作為紀念與記錄言論自由歷程的重要場域，其歷史敘事激發了多位藝術家對民主根基的持續關注與再詮釋，相關影像與行動計畫中，創作者透過個人化的視覺語言重構烈士生命經驗，使歷史記憶得以延伸進當代公共討論之中。而藝術家吳天章長年關注白色恐怖與政治壓迫議題，透過融合繪畫、攝影與裝置的創作方式，使國家暴力與個人命運交錯的歷史不僅成為觀看對象，更成為與觀者對話的倫理現場。這些作品所打開的，並非對過去的重述，而是對「如何記得」、以及「為何必須記得」的提問。

6. 美感與倫理的交錯界域：藝術行動中的道德召喚

美感經驗作為倫理感知的形式訓練

在黑格爾哲學中，感性經驗若經過理念的轉化，便成為自由的形式。藝術教育與觀賞經驗正是這種訓練的場所。觀眾在面對具倫理張力的作品時，需學會在情感牽動與理性分析之間取得平衡。這種訓練不僅培養同理心與批判力，更有助於構築個體對公共價值的敏銳度。換言之，美感經驗亦是一種倫理素養的前提。

倫理辯證作為藝術實踐的基礎

藝術並非倫理的工具性附屬物，而是倫理辯證本身的具體實踐。黑格爾指出，真正的倫理行動源於主體對自我與他者關係的思辨，而藝術正提供了這樣一個開放性的互動場域。藝術家在創作時，面對形式選擇與主題設定，即已經在進行倫理抉擇；觀眾在解讀作品時，也同樣在倫理關係中定位自身。因此，藝術世界實際上是一個倫理實驗場，理念在此被反覆測試與重新生成。

結語：當代倫理困境與藝術的批判潛能

在面對氣候變遷、科技操控與社會極化等當代倫理困境時，藝術能否成為理念與行動之間的中介，是我們必須重新提出的問題。如 AI 藝術創作的倫理邊界、資料視覺化中的政治性選

擇、難民危機中的表述權問題,皆促使藝術不只是形式革新,更需擔負起倫理回應。正如黑格爾所強調,倫理並非一勞永逸的原則,而是歷史中持續辯證的生成。藝術亦然,它總在歷史邊緣處,以其特有的形式,呼喚尚未抵達的正義。

7. 當代表現中的理念召喚:藝術與宗教未竟的歷史任務

理念的歷史召喚與精神未竟工程

黑格爾認為歷史並非事件的累積,而是理念在世界中實現的過程。藝術與宗教作為理念的感性與象徵展現形式,承擔著理念啟蒙與實踐的歷史任務。然而在現代性發展後,這兩種精神形態面臨制度化、商業化與碎片化挑戰,導致理念在其中的能量逐漸衰退。當代表現若欲回應此精神斷裂,勢必需重新審視藝術與宗教各自的歷史角色,並試圖重啟理念的辯證運動。

從政治到靈性:主題轉向的時代趨勢

當代藝術與文化實踐展現出明顯的主題轉向,從 1980 至 1990 年代強調社會批判、身體政治與記憶研究的視角,逐步延展至靈性探索、情感連結與儀式再造。這樣的轉向不僅回應

7. 當代表現中的理念召喚：藝術與宗教未竟的歷史任務

後疫情時代人們對於精神安頓與存在意義的渴望，也反映出藝術如何成為重新思考世界秩序與主體位置的實驗場。若回到黑格爾哲學對理念歷史性的強調，靈性在此處並非宗教形式的復歸，而是理念在當代條件下試圖穿越既有範疇、尋求嶄新表達的進程。這些以情感、儀式與共同經驗為基礎的創作實踐，不是逃避現代性的反動，而是理念經由歷史現實折射後所展現出的另一種生成方式。

創作中的理念自覺：藝術實踐的新辯證

藝術實踐者近年嘗試以創作作為對理念的探索工具，並在作品中開展倫理、美學與信仰交錯的辯證路徑。以比利時藝術家法比安・梅若（Fabien Mérelle）為例，其結合身體素描與夢境敘事，展現主體意識的不穩定性與精神邊界的流動性。在亞洲，如日本藝術家塩田千春以繩結與物件編織空間記憶，重新激活觀看者對生命、時間與他者的感知。這些作品不再追求理念的單向表述，而是強調理念作為開放、生成與共享的歷程。

理念式共感：觀眾經驗的轉型

黑格爾強調理念必須為主體所經驗，否則僅是抽象規律。當代藝術與宗教實踐在觀者層面亦顯現出深層變化。觀眾不再是被動接受，而是進入情境、共構感知。例如沉浸式劇場、參

與式藝術與禪修式展演皆讓理念進入觀眾的具體生活感中。這不僅是感官的延伸,更是倫理與靈性維度的再激活。

跨文化與理念的再組構

在全球化與後殖民語境下,理念不再局限於單一文明的內部演化,而是需與多元文化進行辯證重組。理念如何在全球正義、環境倫理與數位空間中重新自我定位,成為當代表現不可忽視的核心問題。黑格爾強調精神的普遍性需透過特殊性顯現,而藝術與宗教正是這一顯現的具體場域。透過跨文化對話,理念不僅能獲得歷史定位,更能穿越文化疆界,形成共享的精神語彙。

結語:未竟任務的當代再敘述

理念從未靜止於某一藝術形式或宗教體系之中,它總是在歷史斷裂與意義真空中再次現身。藝術與宗教之所以未竟,是因為它們不應被完成,而應持續成為開放性的精神運動。當代表現若要接續黑格爾的辯證歷史,便應擁抱這種未完成性,在重重矛盾與分歧中尋找理念的新光譜。藝術與宗教,將不再是古典遺產,而是引導理念重返生活的火花。

第二章
象徵藝術與宗教想像的生成

第二章　象徵藝術與宗教想像的生成

1. 古東方藝術與黑格爾的象徵形式論

象徵藝術的哲學定位

在黑格爾的《美學講演錄》中，象徵藝術（symbolische Kunst）被定義為理念尚未找到合適感性形式的階段，是藝術發展中最原始且最難以統一形式與內容的一環。它廣泛存在於古代東方文明中，特別是埃及、印度、波斯等地的宗教藝術，這些作品往往試圖透過龐大、抽象、誇張的形式來表達神性或宇宙原理，但卻未能實現理念與形式的有機契合。

古東方文化中的象徵結構

黑格爾以古埃及金字塔、印度神廟與波斯浮雕為例，指出這些藝術品並非單純的裝飾，而是承載整體宗教觀念與宇宙秩序的象徵圖騰。金字塔的幾何性非為視覺愉悅，而是試圖透過穩固、閉合的結構表達不朽與超越；印度濕婆神多臂造型則揭示神力的無限與變異。這些符號遠遠超出人類感性經驗的理解力，因此形成了「形式過剩、理念不足」的象徵張力。

1. 古東方藝術與黑格爾的象徵形式論

形式誇張與理念模糊的辯證

在象徵藝術中，感性形式並未有效轉譯理念，導致藝術品常常落入誇張或神祕化的陷阱。黑格爾指出，這種藝術未能展現理念的清晰自我，而只是反映人類對神祕力量的敬畏與懼怕。例如巴比倫的星辰圖騰、兩河流域的神獸造型，皆揭示了自然力與神聖意志混沌交融的原始象徵傾向。藝術在此階段未能主動塑形理念，而只是被動回應超越性。

建築作為象徵藝術的典型形態

象徵藝術的主要載體往往是建築，特別是宗教建築。金字塔、神殿、石柱與陵墓透過宏偉規模、對稱構造與幾何秩序，試圖再現一種不可見的宇宙意志。黑格爾強調，這種建築並非為人而造，而是為神而建，因此缺乏人本比例與個體參與感。建築在此並非容納人類活動的空間，而是理念自身的巨大容器與象徵投影。

宗教想像與象徵圖式的交織

象徵藝術不僅是形式問題，更根植於宗教想像力的運作。在象徵體系中，神祇往往無具象面貌，而以動物、人獸混合或抽象圖騰呈現。這類表徵不是缺乏形象創造力，而是理念尚未

內化為主體精神，因此只能透過自然符碼表達神意。宗教圖式如蓮花、日輪、巨蛇等，皆構成一種宇宙秩序的想像映射。

黑格爾的歷史定位與美學批判

黑格爾並不貶低象徵藝術的文化價值，他認為它為後來藝術形式鋪設了感性語彙與精神架構。然而，象徵藝術的最大限制在於它無法引領主體走向理念的清明自我，因此只能作為精神自我運動的起點而非終點。此種形式的美學困境，預示了藝術從神祕到清晰、從非人到人的歷史轉型。

結語：當代對象徵藝術的再詮釋

即便象徵藝術在黑格爾體系中屬於原始階段，當代藝術與哲學對此重新給予高度評價。許多後現代藝術家重新發掘圖騰、祭儀與神話元素，試圖回應理性解構之後的精神斷裂。以日本藝術家村上隆的超扁平風格為例，其融合東方宗教符號與動漫視覺語彙，將傳統文化與流行圖像混搭，既是對當代消費文化的諷刺，也映照出精神層面日益空洞化的社會現象。

2. 象徵意象與宗教原始圖式的交織

象徵與圖式的精神源頭

　　黑格爾認為象徵藝術的根源不僅在於對神祕力量的崇敬，也來自人類早期意識中對自然與超越秩序的直觀掌握。在這一階段，理念尚未以理性形式顯現，只能透過圖式（schema）、意象（image）與神話性敘事，將精神與世界的連結加以構造。象徵意象因此成為早期宗教藝術中極為關鍵的表現單位，它不只是一種裝飾性符號，更是一種世界觀的縮影。

圖式語言的形成與功能

　　宗教圖式是一種集體記憶與象徵語言的載體，它不依賴文字，而透過視覺形象傳遞理念秩序。例如蓮花象徵生命循環、火焰代表神祇顯現、蛇形暗示時間與死亡的螺旋性。這些圖式結合自然形象與心理投射，使神聖得以在具體圖像中呈現。黑格爾認為，正是透過這種圖式，原始宗教得以從混沌自然中產生秩序與權威。

神話敘事與象徵連續性

　　象徵圖式並非靜態符號，而經常嵌入於神話敘事中。神話提供了一種時間性與因果性架構，使抽象的宗教意象得以被理

第二章　象徵藝術與宗教想像的生成

解、傳誦與內化。以古印度《梨俱吠陀》中的宇宙創生神話為例，圖式如「日輪」、「天梯」、「犧牲」等，皆構成宇宙秩序的具象編碼，也引導個體進入宗教行動的倫理準則。這種圖式與神話的連結，是早期宗教藝術與後世制度性宗教之間的重要橋梁。

圖式的空間化與藝術媒介的轉譯

宗教圖式經常被應用於建築、雕刻、陶器與織品等不同媒介中，在空間中形成完整的宗教場域。以埃及神廟中的浮雕為例，其牆面編排方式即為圖式的歷史敘事再現，每一道牆體皆展現出特定神祇的行動與世界觀圖景。這種空間圖式不僅引導儀式參與者的感知與行為，也創造出一種集體心靈所棲之「象徵空間」。

黑格爾對圖式表現的哲學批評

黑格爾雖承認圖式具有高度感性與宗教功能，但他指出圖式仍屬理念發展初階，其最大限制在於未能透過反思統一理念內容與形式。圖式的意義仍依賴傳統與社會習俗，缺乏主體自覺與理性批判。這也說明為何象徵藝術無法達到古典藝術中「理念內在化於形式」的美學標準。圖式更多是精神的「投射」而非自我「顯現」，其哲學地位因此不及日後藝術的成熟形態。

2. 象徵意象與宗教原始圖式的交織

當代表現中的圖式轉化

當代藝術重新喚起對圖式的興趣，但此一圖式已不再是宗教體系的自然延伸，而是文化認同、記憶再造與視覺政治的手段。以英國藝術家安東尼・葛姆雷（Antony Gormley）為例，其人雕塑作品以人體為核心，透過結構化的形式探索身體與空間的關係。例如，在作品〈Firmament III〉中，他利用不規則的三維網絡圍繞著人形空洞，讓觀者思考自身在更廣泛社會秩序中的位置。此外，在〈Still Standing〉展覽中，葛姆雷將古典雕像置於現代空間中，透過時間、空間和光線的交錯，引發觀者對象徵語言和自我感知的反思。

結語：象徵與理念之間的距離與張力

本節總結指出：象徵圖式之所以重要，不僅在於其宗教美學意涵，更在於它揭示出理念在尚未抵達自覺階段時所展現出的間接顯現形式。它是一種「尚未說出但已經存在」的理念形跡。黑格爾對象徵意象與圖式的分析，讓我們理解精神如何從圖像過渡到語言、從被動投射進入主體思辨，這不只是藝術史的開端，也為整體理念史提供了感性根基。

3. 建築作為非個體化精神的表現

建築的原型地位與象徵結構

在黑格爾對象徵藝術的分析中,建築被視為最早期、最典型的藝術類型。這不僅因其規模與歷史悠久,更因為建築最能體現理念尚未內化於個體精神時的外在表現形式。建築作為藝術形式,並非僅供人居,而是一種精神空間的塑造,其目的是為了表達神聖、宇宙秩序與社會權力。黑格爾指出,建築是一種「非個體化」的藝術形式,因其缺乏主體性與個人精神表現,是理念尚處外在狀態的感性延伸。

神聖空間的實體化與對稱性法則

在象徵藝術階段,建築最常承載的是宗教功能,尤其在古埃及、印度、兩河流域與中南美洲等文明中,建築常以龐大、封閉、對稱的形式出現,目的是體現宇宙的穩定與神意的不可侵犯。例如金字塔的幾何結構與陵墓功能交織,正體現出死亡、永恆與宇宙中心的觀念。這些建築並非以人為比例設計,而是以神或宇宙之量尺展開,並透過規模與對稱創造敬畏感。

3. 建築作為非個體化精神的表現

建築與儀式的共構性

建築不僅為神而造,更是宗教儀式的構成條件。在神廟或祭壇的設計中,我們經常看到其空間結構安排正與儀式路徑密切相關:入口、迴廊、中庭、主殿,皆為儀式進行提供具象導引。此種結構同時也是一種象徵語法,使參與者在穿越建築空間的過程中,逐步進入神聖、從俗世進入神域。建築因此不僅是形式,也是一種宗教經驗的時間與空間編碼裝置。

形式的外在性與理念的距離

黑格爾對象徵建築最大的批評在於其「形式外在性」過於強烈,導致理念無法內在於形式之中。建築固然有其象徵性與精神力量,但它過度依賴感性規模與幾何秩序,而未能展現理念的自我運動。例如,金字塔固然壯觀,卻無法表達個體精神的自由或倫理意識。這種「非個體化」正說明建築在象徵藝術中的哲學限度,亦是其無法升入古典藝術階段的原因。

現代建築的象徵重構與批判回應

即便如此,當代建築在理念與空間的關係上有了重要的反思與突破。現代建築師如勒・柯比意(Le Corbusier)與路易斯・康(Louis Kahn)皆嘗試將精神性內嵌於建築邏輯之中,不再追求壓迫性的神聖性,而是轉向人本比例與光線哲學的表現。例

第二章　象徵藝術與宗教想像的生成

如路易斯・康設計的索爾克生物研究所（Salk Institute for Biological Studies），透過中軸水道與對稱平臺引入靜觀經驗，其簡約造型也喚起了某種冥想與哲思狀態。此類實踐延續了建築作為精神容器的歷史角色，但試圖突破黑格爾所言的形式僵化問題。

臺灣案例的反思空間

在臺灣，雖缺乏古代大型象徵建築遺產，但當代表現中亦有部分案例展現對此傳統的關注與轉化。例如「南投縣立文化園區」的修復與空間活化工程，以重視原始結構與地域歷史為前提，重新形塑地方公共性與文化記憶。儘管其象徵性不如古代宗教建築強烈，仍可看作是一種文化空間中的精神回應。這類空間的再利用與改造實踐，部分回應了黑格爾對於建築作為集體精神承載器的哲學思考。

結語：建築與精神表達的未竟之路

總結而言，建築在象徵藝術中具有舉足輕重的地位，它以非語言的方式實現理念的初步外化，並為精神之路鋪設了形體框架。然而，其「非個體化」特性也使理念難以在其中充分顯現自身。黑格爾的分析指出，建築雖可作為集體信仰的象徵載體，但若缺乏倫理與哲學形式的深化，仍無法承載理念對自身的真正認知與完成展現。

4. 黑格爾對伊斯蘭藝術與神聖的詮釋

伊斯蘭藝術的特殊地位與哲學關注

在黑格爾對世界藝術與宗教的歷史考察中，伊斯蘭藝術雖未成為他主要的分析對象，但其背後的理念結構與對象徵形式的高度抽象化，卻蘊含著極高的哲學張力。伊斯蘭藝術摒棄具象圖像，發展出書法、幾何裝飾與空間設計等形式，以反映對真主阿拉（Allah）絕對性與不可描繪性的信念。這種非偶像崇拜（aniconism）的審美策略，在黑格爾的美學框架下，形成一種介於象徵藝術與理念藝術之間的特殊過渡形態。

抽象與非偶像：理念與形式的哲學辯證

伊斯蘭藝術中最引人注目的即是其「非偶像崇拜」（aniconism）。這一原則源自《可蘭經》對於偶像崇拜的明確禁止，認為將真主具象化為一特定形象即為對神性的侮辱。在黑格爾的角度來看，這是一種對理念的高度保護，亦是對象徵形式危險性的自覺批判。透過非偶像崇拜，伊斯蘭藝術反而推進了對理念不可描繪性之尊重，使藝術從再現轉向抽象。

第二章　象徵藝術與宗教想像的生成

幾何秩序與神性理念的重合

　　伊斯蘭藝術以幾何圖形、阿拉伯式紋飾（arabesque）與書法結構構成其核心形式語言。這些元素並非純粹裝飾，而是一種宇宙秩序的視覺隱喻。重複與延展的模式象徵神性無限、整體與統一的理念。黑格爾若分析此類藝術，或將其視為理念與形式高度張力下的創造性出路：雖然缺乏具體形象的主體呈現，卻在抽象與理性結構中保留了對神聖的深層敬畏。

清真寺與非具象空間的塑造

　　伊斯蘭建築中的清真寺空間設計體現出非具象性與祈禱性的高度結合。其圓頂、拱門、祈禱壁龕（mihrab）等元素，不是為了塑造神形，而是為了引導信徒意識集中於超越之存在。這樣的建築邏輯與黑格爾論建築為理念之「非個體化感性載體」之說相當接近，唯伊斯蘭建築進一步將空間中所有視覺焦點導向內在冥想與神性召喚。

伊斯蘭書法的理念實踐

　　伊斯蘭書法不僅為藝術創作，更是理念實踐的神聖行動。經文的書寫既是對神話語的頌揚，也是對理念不可還原性的視覺表現。書法家的筆觸、構圖與節奏皆蘊含對神意的體現，這

種融合語言與形式的創作方式,在黑格爾的觀點中,展現了「理念於感性中現身」的另一種可能性——不靠形象,而靠結構與節奏。

黑格爾對伊斯蘭的哲學立場與再省思

儘管黑格爾在《歷史哲學》與《宗教哲學講演錄》中曾以歐洲中心視角批評伊斯蘭教缺乏倫理具體化與自由精神之展現,但若從藝術形式論角度來看,伊斯蘭藝術提供了一種對理念與表現形式間新張力的典範:它不是理念的具象再現,而是理念的空間架構與節奏性化身。這使我們得以重新理解象徵藝術的另一種發展支線。

結語:當代表現中的伊斯蘭藝術復興

今日,許多伊斯蘭世界的藝術家重新回到書法與幾何圖樣,透過當代表現方式再詮釋宗教精神。例如,伊朗裔美國藝術家雪潤・內夏特(Shirin Neshat)結合波斯書法與攝影,呈現出宗教、性別與文化衝突的多重象徵結構。這些實踐證明,伊斯蘭藝術不僅在歷史中承擔理念的抽象守門人角色,也在當代繼續為精神與形式的辯證提供實驗場域。

5. 神話的結構與宗教象徵的轉化

神話作為精神初階的敘事形式

在黑格爾的歷史哲學與宗教哲學框架中,神話被視為精神尚未進入理性自覺階段時的表現形式。神話並非虛構之物,而是理念透過象徵性敘事進行自我揭示的早期樣態。這些敘事承載了人類對宇宙秩序、生命起源、倫理行動的基本理解,並透過人物、場景與事件的形式語彙,使理念初步進入歷史世界。

結構神話學與黑格爾辯證的互文性

20 世紀的結構主義神話學者,如克勞德·李維史陀（Claude Lévi-Strauss）,認為神話具有普遍的邏輯結構,用以調和文化中的對立概念,如生命與死亡、自然與文化。儘管其立場與黑格爾的歷史辯證不同,但兩者皆肯認神話為人類思維體系的初階建構,並具備邏輯潛力。對黑格爾而言,神話是理念尚未透過概念顯現時的必經途徑,其象徵性不應被視為迷信,而是理性歷程中的必要階段。

神祇形象與倫理象徵的交織

古代宗教中的神祇形象,如希臘的宙斯、印度的濕婆、北歐的奧丁等,往往兼具自然象徵與倫理意涵。這些神祇一方面代表

5. 神話的結構與宗教象徵的轉化

風、火、水等自然力量,另一方面則承載父權、毀滅、轉化等倫理角色。透過神話敘事,這些象徵獲得歷史情節,使理念不再僅是抽象範疇,而能成為可被講述、記憶與傳承的文化密碼。

象徵轉化的歷史動力

神話的象徵性並非靜止不變,而會隨著歷史語境轉化其內涵。例如,古埃及的荷魯斯之眼原為王權與復仇的象徵,後於新王國時期轉化為保護與治癒的圖式;基督宗教中的十字架,亦由處刑工具轉化為犧牲與救贖的普遍象徵。這些象徵的轉化過程說明,理念在不同歷史階段中可透過符號重組與意義轉化,不斷完成其自我實現的進程。正如黑格爾所強調,理念不是靜態的觀念體,而是在歷史實踐中逐步成為自身、實現其真理性。

神話的制度化與哲學超越

隨著宗教制度的形成,神話象徵也逐步被教義體系吸收與規範。例如希臘神話進入柏拉圖哲學後,經由理念與形象的分野,被哲學轉化為寓言性素材;印度教的多神信仰也經由《奧義書》理性化為梵我一體的思辨宗教。這些過程皆體現出象徵的理性化,以及理念朝向對自身的認知與展現的運動。黑格爾認為這種超越雖未必完全取消神話,但將其置入哲學辯證之中,使理念能夠從象徵性敘事中昇華為邏輯概念。

第二章　象徵藝術與宗教想像的生成

當代藝術中的神話重構

當代藝術與影像文化中，神話符號持續被引用與重構，成為回應現代性危機的精神語彙。例如導演阿比查邦·韋拉斯塔古（Apichatpong Weerasethakul）在作品中融入東南亞神話元素，透過夢境與日常交錯展現靈性時間；馬修·巴尼（Matthew Barney）的〈懸絲循環〉系列亦結合神話、肉體與宗教儀式，構成後現代的象徵建構場域。這些藝術實踐不再僅是敘述神話，而是以神話作為解構現實、尋求意義與建立理念圖式的中介。

結語：神話象徵的哲學潛力

總結來說，黑格爾雖將神話視為理念未成熟階段的象徵，但他同時指出其歷史功能與精神起源地位。神話不僅是過渡的敘事形式，更是理念透過感性與故事初步邁向普遍性的基礎。當代對神話的重讀與重構，亦不再是對古代的復古，而是哲學性地回應當代精神斷裂、歷史無根與象徵真空的辯證行動。

6. 象徵性藝術與理念形式的張力

象徵性藝術的邊界與潛能

　　黑格爾在分析象徵藝術（symbolische Kunst）時，強調它代表的是理念與形式尚未統一的階段。象徵性藝術並未完全拋棄理念，而是透過某種尚不成熟、間接而模糊的方式將理念滲透至感性形象之中。這類藝術在形式上或顯誇張，或顯神祕，常常引發觀者的敬畏而非理解，其本質是一種尚未完成自我說明的理念顯現。

理念與感性的距離問題

　　在象徵藝術中，理念通常藏於形式背後，不直接現身，而是需要被解碼或詮釋。這造成了觀者對於藝術內容的接收總是帶有不確定性。以古代近東的神殿浮雕為例，其中的神獸形象、階梯結構、星象符號等，雖有其宇宙論與宗教背景，卻往往缺乏與倫理意識直接對應的連結，理念被遮蔽於形式的密碼性之中。黑格爾批評此種藝術未能完成「理念自身的透明化」，即理念未能在形式中達成充分自我表達。

第二章　象徵藝術與宗教想像的生成

象徵性藝術的歷史功能與限制

儘管如此,黑格爾並未全盤否定象徵性藝術的價值。他認為此類藝術標示出精神發展的一個必要環節,即理念尚未實現其個體性、倫理性與普遍性時的初步顯現方式。它以集體意識、自然崇拜、神話記憶等形式,為後來的古典與浪漫藝術奠定感性資源與想像形態。然而,其在表現主體自由、倫理辯證與歷史敘事上的不足,亦限制了它作為理念形式的完成度。

象徵藝術與語言的距離

黑格爾認為象徵藝術的一大問題在於缺乏語言的邏輯結構。形式無法言說,只能暗示。這使得理念被封存於神祕之中,而非透過概念開展。例如埃及象形文字與其壁畫語言,雖具強烈視覺力量,但其符號仍需依賴傳統解釋才能理解,無法直接傳達普遍倫理意涵。相對而言,古希臘戲劇中的語言與對話,則更接近理念的透明化。

當代藝術與象徵性的張力重現

在當代藝術實踐中,象徵性藝術的張力重新成為創作焦點。許多藝術家利用神祕符號、圖騰語彙與非線性敘事,重新激活象徵性語境的魅力。例如奧地利藝術家赫曼・尼特西(Hermann Nitsch)以宗教儀式與血液、屠宰場為題材重構現代聖禮,挑戰

觀眾對理念與形式的認知邊界。此類創作說明，即便黑格爾所言的象徵藝術處於歷史早期，其邏輯仍能在後現代語境中獲得新的生成動力。

結語：理念形式之辯證未竟

黑格爾的美學思想提醒我們，象徵性藝術與理念形式的張力不僅是一段歷史，也是藝術持續自我挑戰與自我更新的起點。當代藝術若欲重新思考理念與形式的關係，象徵性語彙所提供的模糊、間接與詩意邏輯，也許正是穿越理性僵化與感性疲乏的關鍵路徑。這種辯證未竟的狀態，使象徵藝術得以在現代性危機中，再次作為理念與歷史之間的活潑中介。

7. 當代圖像文化與象徵系統的變異

圖像作為全球文化語言的轉化

當代社會中，圖像已不再是藝術品或宗教象徵的專屬語言，而是滲透至科技、媒體與生活的各個層面，成為一種全球化溝通的核心符號系統。黑格爾雖無法預見網際網路與數位影像的發展，但其對「理念需在形式中顯現」的理論，為我們提供了觀察圖像變異的哲學基礎。現代圖像不再專屬於宗教或權力體制，

第二章　象徵藝術與宗教想像的生成

而是進入市場機制、社群網絡與數位界面的中介流域，形塑出新的感知與詮釋邏輯。

符號與意義的解構與重構

當代圖像文化的最大特徵是象徵系統的解構性。許多圖像在網路語境中被重複、轉譯、諧擬，失去了原有的宗教性、歷史性或倫理性，而成為表情包、迷因、品牌與操控訊息的工具。這種現象雖然削弱了象徵的原初莊嚴性，但也開啟了新的意義生產可能。黑格爾所強調的「理念自我表達的透明性」，在此成為一場新的挑戰：我們能否在圖像的浮動性與碎片性中重建精神深度？

影像霸權與感官宰制的問題

當代圖像文化也暴露出一種新型態的宰制機制，即影像霸權（image hegemony）。媒體圖像不僅中介現實，甚至取代現實成為我們對世界的主要認知來源。從政治宣傳、商業廣告到新聞播報，圖像不斷地形塑我們的意見、欲望與恐懼。這種形式上的壟斷，使理念失去了自我生成與反思的空間，轉化為消費與操控的對象。黑格爾所說的理念應在自由中實現，正在這樣的圖像宰制中被壓抑與分化。

7. 當代圖像文化與象徵系統的變異

當代藝術的圖像抵抗策略

面對圖像機制的異化,一些當代藝術實踐選擇進行象徵系統的批判重建。例如美國藝術家芭芭拉‧克魯格(Barbara Kruger)透過文字與照片拼貼,揭露商業圖像的意識形態操控;南韓藝術家金洙容則以混合媒材與裝置創作回應歷史斷裂與身分認同問題。他們並非拒斥圖像,而是重新安排其語法,使觀眾得以在視覺衝擊中重新感知理念的厚度。

宗教象徵在當代影像文化中的轉譯

宗教符號在當代圖像文化中並未消失,而是被再語境化為時尚、品牌或藝術符碼。十字架、蓮花、曼陀羅等圖案廣泛出現在服飾、設計與社群圖像中,象徵性意義在商業機制與流行文化中被稀釋甚至顛覆。這樣的轉譯雖導致象徵內涵的空洞化,但也提供宗教象徵進入新語境的機會。問題不在於符號的消失,而在於如何維持其理念張力與歷史深度。

圖像文化中的精神性回歸可能

儘管當代圖像文化充滿浮動性與商業運作邏輯,一些藝術與沉思實踐仍試圖透過影像語言探索精神性的當代表現。例如,在比利時,一些建築與設計計畫開始將極簡主義與修道院式空間美學結合,創造出靜觀與冥想的感官場域,讓視覺沉浸轉化

為內在聚焦的契機。又如 VR 沉浸式作品〈*Tree*〉，讓觀者以第一人稱經歷樹木的生命週期，從種子萌芽至焚毀枯朽，重新感知個體與自然生命鏈之間的連結。這些創作在高度去象徵的影像時代中，嘗試重構一種由感官通往精神的象徵機制，使觀看不只是消費，也成為倫理與存在的覺察方式。

結語：象徵系統的變異與理念持存

黑格爾的哲學提醒我們，象徵形式的歷史演化是一場理念在不同時代中尋找自我表達的旅程。即使當代圖像文化使象徵系統遭遇碎片化、浮面化與工具化的危機，我們仍可在其裂縫中尋找理念重現的可能。問題不在於圖像的表面性，而在於我們能否在當中重建「理念於感性中之現身」這一核心哲學課題。

第三章
古典藝術的理念統一

第三章　古典藝術的理念統一

1. 古希臘藝術中的個體與普遍的統一

古典藝術的歷史轉折地位

在黑格爾的藝術發展序列中,古希臘藝術被視為理念與感性形式達致和諧統一的巔峰。與象徵藝術階段中理念與形式之間的張力不同,古典藝術實現了一種穩定的中介結構,使精神得以在人形之中自然地顯現。此階段的藝術既非宗教符號的神祕表現,也非個體主觀的情感投射,而是理念以整體性、倫理性與均衡性的形式進入可感世界的歷史時刻。

個體性與普遍性的融合邏輯

古希臘藝術最具特色的美學特徵,便是其對個體性(Individualität)與普遍性(Allgemeinheit)的結合。在雕像、建築與戲劇中,所展現的從不是一個抽象理念或純粹的自然形體,而是一個具備倫理人格與文化角色的主體。例如,古希臘雕塑中的戰士形象,不僅是人體的表現,更是勇氣、公義與城邦義務的凝聚象徵。這種結合使藝術不再只是外在裝飾,而成為倫理世界的具體呈現。

1. 古希臘藝術中的個體與普遍的統一

人體美學作為精神現身

黑格爾特別讚賞古希臘藝術中人體表現的高度完成度，認為其並非純粹模仿自然，而是將理念注入肉體，使肉體成為精神的可見容器。例如波里克列特斯的〈持矛者〉(*Doryphoros*)，其比例與姿態均衡不僅展現解剖學知識，更體現出一種理性與自制的精神典範。此種人體塑形，不是對偶像的膜拜，而是一種以倫理為核心的形式整合。

建築與公共性空間的倫理功能

古希臘的神廟與劇場亦體現了藝術與公共生活之間的高度整合。雅典的帕德嫩神廟不僅是建築藝術的傑作，更是雅典民主與宗教精神的象徵中心。其對稱、比例、與空間感設計，使建築本身成為理念秩序的空間顯現。劇場如戴奧尼索斯劇場則不只是娛樂場所，更是市民共同思辨倫理衝突的實踐場域。

理想化與現實的動態平衡

古典藝術從未否定現實，但也不簡單重現現實。它透過形式的理想化處理，將具體現象提煉為理念之載體。正因如此，黑格爾指出古典藝術之所以偉大，在於它既不沉溺於抽象象徵，也不墮入浪漫主觀，而是在理性秩序與感性經驗之間創造出獨特的統一樣式。這種樣式不僅美，且蘊含道德意志與市民精神。

結語：理念具象化的歷史典範

從整體來看，古希臘藝術是理念首次完全而自足地進入感性世界的典範。在這裡，理念不再藏匿於神話與符號，也不被個人主觀情感支配，而是在形體、空間與角色中成為一種可共享的倫理實體。這也說明為何黑格爾將古典藝術視為藝術發展的「圓滿形式」，並指出這一統一性將成為後世藝術難以重返的高峰。

2. 雕塑與人形：理念的感性實現

雕塑作為古典藝術的核心形式

黑格爾在《美學講演錄》中指出，雕塑是古典藝術最具代表性的形式之一，因其將理念透過人體之形完美地轉譯為可感的實體。雕塑不僅表現人體的自然結構，更是理念之顯現的容器，是精神在沉靜物質中找到其永恆姿態的場所。此種藝術形態排除了冗餘敘事與情緒波動，將理性、均衡與倫理性塑於形體之中，成為理念與感性形式最為穩定的結合點。

靜止中的精神運動

雕塑之所以能顯示精神的深度，在於它在靜止之中內含張力。人體雕像雖不動，卻以姿勢、比例與表情構成一種內在運

動的感覺。例如米隆的〈擲鐵餅者〉在動作的捕捉中凍結了動態，展現瞬間中的永恆；而波里克列特斯的〈持矛者〉則將對稱與輕盈結合，使理想的均衡在視覺中成為倫理的形象。這種靜止中的生命力，正是古典雕塑中理念之所以可感的重要來源。

人形作為理念最適媒介

在古典藝術中，「人」不僅是自然生物，更是倫理與理性之實體。黑格爾認為，人形之所以能承載理念，是因為人在黑格爾哲學中即為理念之自身的感性實現。與象徵藝術中神祇的人獸混形不同，古典雕塑中之人形是已然完成理念內化的形式，是精神的外貌。從阿波羅到雅典娜，從武士到公民，這些雕像不是某個人，而是一種普遍人格的視覺具體化。

理想化處理與自然形象的轉化

古典雕塑絕非寫實，而是一種理想化之創造。其對人體的處理遠超過對自然的模仿，而是取其最佳比例、最和諧線條與最具倫理意味的神情，將人體從生物存在提升為理念顯現的工具。例如菲迪亞斯在帕德嫩神廟中對雅典娜的處理，並非再現歷史個體，而是塑造城邦精神的具象代表。雕塑的任務在於「揚棄」（Aufhebung）自然，使自然成為理念的可視形式。

第三章　古典藝術的理念統一

雕塑與宗教的距離與重構

儘管古希臘雕塑多與宗教相關，但黑格爾認為此類雕像已脫離原始宗教中對神祇的敬畏與神祕性，而是進入了倫理表現與文化象徵的層次。這些神祇形象不再是超越性他者，而是與人同形、可親近、具德性的存在。雕塑因此成為人類自我認知的一面鏡子，是理念在歷史與感性之中獲得穩定存在的藝術表現。

結語：現代藝術對古典雕塑的繼承與變奏

雖然黑格爾認為古典雕塑在歷史上已完成其使命，但當代藝術仍不時回望古典人形。羅丹的《沉思者》延續古典形體美學，同時注入浪漫內省；康斯坦丁・布朗庫西則將人形極度抽象化，保留其精神內核。這些轉化證明古典雕塑雖屬歷史過去，但其作為理念感性實現的典型，仍深刻影響著藝術與哲學對人的再思考。

3. 戲劇與悲劇作為倫理世界的反映

戲劇作為理念衝突的舞臺

在黑格爾的美學體系中，戲劇，特別是古希臘悲劇，被視為藝術中最具辯證深度的形式之一。與雕塑所呈現的靜態理念

3. 戲劇與悲劇作為倫理世界的反映

不同,戲劇是在行動中實現理念,是理念在時間與角色關係中自我運動的展場。悲劇並非單純的悲苦訴說,而是一場倫理原則彼此衝突、彼此傷害但皆具正當性的展演。在此,觀眾不僅目睹故事,而是被引入倫理抉擇的精神場域。

倫理世界的二元對立與張力

黑格爾特別推崇《安提戈涅》這一希臘悲劇典範,指出其中國法(克瑞翁)與親情(安提戈涅)兩者皆代表正當的倫理原則,卻因彼此無法共存而導致毀滅。這種非黑即白、非正即邪的倫理邏輯在悲劇中被打破,取而代之的是一種「雙重正當性下的悲劇命運」。悲劇不僅揭示人與命運的衝突,更深刻描繪出理念內部的對抗與不穩定性,體現出倫理生活本身的辯證性結構。

角色與命運的內在統一

古希臘戲劇中的角色通常具有強烈的倫理性格,他們的行為並非任性發動,而是因理念召喚而被迫採取行動。這些人物不是抽象的象徵,而是具體的理念承載體。例如,伊底帕斯並非單純的悲劇人物,而是一位在無知中實踐命定倫理行動的人,他的錯誤與懲罰並非來自道德墮落,而是理念之自我實現的必然代價。這樣的角色呈現,不僅讓悲劇富有哲學重量,也使戲劇成為倫理世界的感性縮影。

第三章　古典藝術的理念統一

合唱隊與共同體的倫理回聲

黑格爾認為古希臘戲劇中的合唱隊扮演著重要的哲學角色。合唱隊既是觀眾的代表，也是共同體精神的反思聲音。他們不僅評論劇情，更提供了一種倫理集體意識的背景，使個體行為不被理解為孤立決策，而是回應城邦整體的文化與價值。這種結構設計，使戲劇不只是情節演出，更是理念與共同體之間持續對話的空間。

悲劇與命運：理念的破碎顯現

雖然黑格爾稱古典藝術為「理念與形式的圓滿統一」，但悲劇中的毀滅與死亡卻揭示這統一性並非永遠穩固。正是在理念之間無法調和的對立中，悲劇才產生其哲學深度。死亡不是結束，而是理念在衝突中「揚棄」自身的方式。這也預示了黑格爾對藝術歷史進程的理解——即藝術終將讓位於宗教與哲學的更高階段，因理念在藝術中已無法獲得完整之實現。

結語：現代悲劇的倫理轉化

當代戲劇繼承古希臘悲劇的結構，但理念的對抗轉向更為內在化與心理化。從易卜生到布萊希特，從沙特到貝克特，角色不再是理念代表，而是被困於無意義中尋找意義、在社會矛盾中尋求倫理的自我確定。雖不具備黑格爾所謂「古典形式的統

一」，但其透過悲劇敘事與形式解構的方式，仍延續了戲劇作為倫理世界再現的哲學功能。

4. 黑格爾對荷馬與希臘悲劇的解析

史詩與悲劇：古希臘藝術的雙重基石

黑格爾在《美學講演錄》與《宗教哲學講演錄》中，將荷馬與希臘悲劇視為古典藝術中最具代表性的兩大文類。荷馬的史詩代表理念之初次敘述化，將英雄、命運與神意轉譯為敘事空間中的倫理行動；而悲劇則深化此倫理衝突，透過戲劇形式揭示理念之間的分裂與必然性衝突。史詩提供了宇宙觀與人神秩序的總體背景，而悲劇則將此秩序置於倫理考驗之中，使古典藝術成為歷史與精神的具體結晶。

荷馬史詩中的倫理秩序與人物典型

在黑格爾眼中，荷馬的《伊里亞德》與《奧德賽》並非單純的戰爭與冒險故事，而是倫理與命運之間辯證關係的敘述典範。阿基里斯的榮譽意識與怒火行動揭示出理念與情感之間的張力，而奧德修斯的智慧、堅忍與返家的願望則象徵主體性在苦難與時空之中追尋倫理定位。黑格爾指出，荷馬筆下人物既非抽象道德標本，也非心理化個體，而是理念在人格化敘事中的自我演出。

第三章　古典藝術的理念統一

悲劇形式中理念的矛盾運動

與史詩的宏觀總體敘事不同,悲劇聚焦於倫理理念之間的不可調和性。黑格爾認為,古希臘悲劇最深刻之處,在於它不是一場善惡對決,而是一場「正當性對決」。例如《安提戈涅》中國法與親情、《阿伽門農》中復仇與正義的張力,都展現出理念內部之自我對抗。這種衝突不由外部力量造成,而是理念在歷史語境中發展的必然邏輯。

神祇與命運:理念的超越框架

荷馬與希臘戲劇中的神祇並非純粹的超越存在,而是參與世界運行的理念象徵。宙斯、雅典娜、阿波羅等神明,皆在敘事中成為某種倫理原則的顯現與推動者。黑格爾指出,這種神性並非基督教式的唯一絕對,而是一種理念化之多元結構,其功能在於展現人類行動所回應的價值座標。神祇的介入不削弱人的自由,反而突顯人在理念秩序中抉擇的意義。

合唱與市民公共性的生成

希臘悲劇中的合唱隊承接了史詩的旁述者角色,但更進一步成為倫理共識的反映者。黑格爾認為,這種合唱配置讓戲劇不僅屬於私人衝突,而是形成市民集體記憶與道德省思的儀式

場。透過合唱的反覆吟誦，理念不只是透過角色展演，更在詩意語言中反覆辯證，成為倫理文化的自我教化形式。

從荷馬到悲劇的辯證過渡

黑格爾透過對荷馬與悲劇的整合性分析，揭示古典藝術從敘事總體性走向倫理對抗的內在轉變。史詩中的英雄行動與命運相牽的結構，轉化為悲劇中理念碰撞與倫理悲劇的精神經驗。這不只是形式變化，更是理念在藝術中走向自我分化與反思的必經之路。黑格爾將此視為古典藝術最成熟的辯證階段。

結語：現代敘事與古典結構的續寫可能

當代文學與戲劇雖形式已遠離古希臘經典，但其倫理辯證的核心依然延續。從卡繆的《卡里古拉》到麥克‧漢內克的電影作品，荷馬與悲劇的精神仍潛藏在對秩序、命運、責任與抉擇的描繪之中。正如許多對黑格爾的詮釋所指出，理念並不消亡，而是在歷史中持續轉化其表現形式。古典作品雖不再重複其造形語彙，卻以其倫理深度與辯證精神，持續在當代藝術語境中發聲。

5. 古典藝術的結構限制與精神張力

理念與形式的和諧是否終極？

黑格爾在論述古典藝術時不吝讚譽其為藝術史中「理念與感性形式之圓滿統一」的典範。然而，這種圓滿在哲學上卻並非沒有矛盾。當理念以如此理想化的形式呈現時，藝術似乎達到某種穩定狀態，但也隨之暴露出其發展的極限。黑格爾清楚地指出：這種和諧並非永恆可持續，而是精神在發展過程中的一個歷史階段，其內部已潛藏著超越自身的需求與壓力。

形式理想化的抑制作用

古典藝術之所以偉大，在於其形式之嚴謹、均衡與倫理結構之明晰，但這些特質亦限制了藝術在情感、矛盾與複雜性上的自由。雕塑中的人形不允許畸形或過度表情；戲劇中的角色不展現極端的主觀性或內在撕裂；建築與空間規劃強調對稱與比例，而非個體意志與時間性的參與。這些風格雖成就「美的理念」，卻也抑制了精神在更深層次的張力展開。

倫理秩序的封閉性

黑格爾承認，古典藝術所表現的倫理世界是一個高度整合的體系，例如希臘城邦文化中的家庭義務、公共責任、宗教敬

5. 古典藝術的結構限制與精神張力

畏與法律正當性等。但這種整合也伴隨著排除：它難以容納異質性、個人內在世界或歷史變動下的倫理複雜性。這種封閉性導致古典藝術在精神深化上逐漸失去活力，使理念的自我運動被限定於已形成的規範之中。

情感與主觀性的壓抑

相較於浪漫藝術所強調的主體經驗與情感豐富，古典藝術對情感的表現常保留節制與形式感。例如在古希臘雕塑與戲劇中，即便人物面臨生死決斷，所展現的往往是克制而理性的姿態，而非戲劇化的情感流溢。黑格爾指出，這種節制固然維持藝術的莊嚴性，卻也掩蓋了理念內部的不穩定性與人的實存困境，使精神無法進一步揭示其自我矛盾。

從完整走向不完整的契機

古典藝術的「完整性」正是其危機之所在。因為它在形式上已達高度完成，精神若要繼續發展，就必須從這種結構穩定中解放出來。黑格爾認為，理念在古典藝術中並未窮盡其可能，它只是以某種和諧之姿暫時止步，而真正的自由精神，必然將要求更多形式、多重矛盾與自我反思。這也就是為何黑格爾預示藝術將轉向浪漫藝術，讓理念透過主體性與宗教情感獲得新的表達。

第三章　古典藝術的理念統一

歷史視野中的結構疲乏

在藝術史的長河中，古典風格雖多次被復興（如文藝復興與新古典主義），但每一次復興都無法重建其原初的精神活力。這並非形式技巧的問題，而是歷史條件與精神自覺程度的差異使然。古典藝術的美學語言雖可重複模仿，但其背後所依賴的整體倫理世界與城邦生活模式已不復存在。因此，黑格爾的評價既非浪漫化也非全然否定，而是強調其歷史階段性地位。

結語：精神張力作為藝術超越的推力

正如辯證法所揭示，任何「圓滿」的形式背後總潛藏著否定力量。古典藝術的圓滿亦不例外，其內部精神的張力，特別是理念對主體性、時間性與內在性的追求，終將突破古典形式的邊界。這不僅為藝術轉向浪漫形式鋪路，也讓哲學得以從藝術中抽身，進入更純粹的理念自覺。對黑格爾而言，古典藝術正是在其結構之限制中完成其歷史任務，並激發更深層的精神實現之路。

6. 從古典到浪漫：形式向內容的轉向

藝術發展的辯證運動

黑格爾將藝術的歷史視為理念實現於感性形式的辯證過程，從象徵藝術的外在神祕符號、古典藝術的和諧統一，逐步發展至浪漫藝術中理念對主體性的自我反思。這一轉變並非單純的風格更替，而是理念由外在顯現逐步邁向主觀深度的歷史進程。如黑格爾在其藝術發展論中所示，藝術的表現方向從形式上的適配轉向對精神內容的內在揭示，代表著藝術已不再僅僅是理念的再現，而是精神經驗本身的表達形式。

古典藝術形式的界限

如前節所述，古典藝術在雕塑、戲劇與建築中實現理念與形式的均衡，但這種均衡也逐漸暴露其對主體內在性的壓抑與情感的簡化。人在古典藝術中被呈現為理念的穩定承載體，而非內在掙扎或歷史主體。正因如此，當精神發展至需要揭示內在經驗與信仰衝突時，古典形式的透明性與理想比例便無法再滿足這一新的內容需求。

第三章　古典藝術的理念統一

浪漫藝術的興起與宗教內化

浪漫藝術的興起代表著藝術從對外在世界與倫理秩序的再現,轉向個體內心、情感與宗教經驗的探索。在此階段,理念不再沉著於外在形體,而是在主體靈魂中尋找其根源。黑格爾認為,這樣的轉向體現在基督教藝術的發展上:從中世紀的聖像畫、哥德式教堂,到文藝復興後的繪畫與音樂,皆呈現出藝術與信仰、痛苦與救贖的複雜交織。

形式破碎中的精神展現

與古典藝術強調比例與和諧不同,浪漫藝術允許形式的破碎、不對稱與戲劇化。在繪畫中,卡拉瓦喬的明暗對比、林布蘭的情緒筆觸,皆顯示理念以非理性與矛盾形態出現的可能。在音樂中,貝多芬的晚期作品與舒伯特的歌曲將主體內心的孤獨、渴望與信仰衝突表現得淋漓盡致。這些創作雖未具備古典之「整體性」,卻更能傳達理念之無限性與主體的深層掙扎。

內在化與歷史性的並進

浪漫藝術的轉向同時也與歷史性意識的覺醒有關。在古典藝術中,歷史多被轉化為神話或理型;而在浪漫藝術中,歷史進入藝術主題本身,人物與事件成為理念如何在時間中受限、被撕裂與重新獲得意義的證據。這使藝術從「永恆性」的再現,

6. 從古典到浪漫：形式向內容的轉向

轉向「歷史性」的自我定位，也使藝術的內容逐漸複雜化、多樣化。

理念不再依附形式

黑格爾指出，在浪漫藝術中，理念不再依賴感性形式獲得表現，而是具有自身的思辨結構。這也預示著藝術的內在危機：當理念不再需要感性形式時，藝術便逐漸退居理念發展之初階，為宗教與哲學讓路。這不表示藝術的死亡，而是其「精神角色」的結束。理念將從形象邏輯走向概念邏輯，由此轉入宗教的象徵系統與哲學的純粹思辨。

結語：形式退場與思想的興起

第三階段的浪漫藝術在黑格爾體系中象徵藝術使命的完成，也是藝術自身否定自身的歷史轉折。藝術從原本是理念的主要媒介，轉為理念的前奏，並將主體的自由與理念的普遍性讓渡給哲學。這一讓渡，不是藝術之終結，而是其將精神推至新領域的完成。這種從形式轉向內容、從圖像轉向思想的辯證歷程，成為黑格爾藝術哲學中最為深遠的轉捩點。

7. 古典精神在現代的繼承與誤解

古典精神作為理念典範的持存

在黑格爾的藝術哲學中，古典藝術雖被定位為歷史階段，但其所體現的理念與形式統一依然構成評價藝術的經典標準。「古典精神」（klassischer Geist）並非僅指某段時代風格，而是一種理念與倫理共構、形式與內容協調、個體與共同體融合的精神理型。在現代文化語境中，古典精神往往被作為人文理想的象徵，象徵秩序、理性與德性之間的平衡。

新古典主義的重現與限制

十八世紀末與十九世紀初的新古典主義運動，嘗試在繪畫、建築、雕塑與文學中重現古希臘、羅馬藝術的形式語言。從大衛（Jacques-Louis David）的歷史畫到歐洲各國首都的建築設計，古典比例與英雄主題再度成為藝術與政治的象徵工具。然而，黑格爾認為此種「形式復刻」無法重現古典精神的真實生命，因其缺乏共同體倫理與神話秩序所支撐的實質背景。這樣的復興只能是外在模仿，而非內在再生。

7. 古典精神在現代的繼承與誤解

現代誤解之一：古典即保守

在現代性與前衛性被高度推崇的文化場域中,「古典」常被誤解為停滯、僵化與保守的代名詞。這種誤解忽略了古典藝術中那種深具動態平衡的辯證精神。正如黑格爾所強調,古典藝術並非壓抑變化,而是在變化中實現和諧;它並非否定差異,而是透過形式統整差異、使其獲得倫理意義。將古典簡化為形式樣式,而非精神結構,是對其最常見也最深層的誤解。

現代誤解之二：古典即形式完美

另一種常見誤解是將古典精神等同於「美的形式」,而忽略其背後的倫理基礎與理念張力。在消費文化中,「古典風格」往往被簡化為高貴、莊重與精緻的代名詞,並被運用於商品、設計與品牌建構。然而,真正的古典精神關注的是理念如何在人之中顯現,並經由公共倫理與社會實踐達成普遍意義。形式的完美只是一種手段,若脫離理念內容,便淪為空洞裝飾。

教育與文化傳承中的古典精神

在當代教育體系中,對古典文學、語言與藝術的學習常被視為菁英文化的象徵,但黑格爾的觀點提醒我們,古典精神真正的價值在於其對理念與人的教化作用。透過荷馬、索福克勒斯、柏拉圖等文本與形式的訓練,個體不僅學會欣賞形式之美,更

能參與理念之思。這種教育的目標,不在於模仿古人,而在於重構一種理念與公共生活可互通的現代倫理主體性。

當代表現與古典精神的裂解與重構

在當代藝術中,有一部分創作者試圖重建古典精神,例如透過公共雕塑、社會參與藝術與道德哲學交織的創作實踐。他們不再以復刻形式為目標,而是關注藝術能否重拾理念之深度、倫理之責任與形式之公共性。如現代建築師卡羅・斯卡帕(Carlo Scarpa)在歷史場域的空間設計中,融合古典比例與現代材料,展現了古典精神在當代建築中的延續與再詮釋。

結語:古典精神作為現代倫理重構的契機

在一個高度碎片化與主觀化的時代,古典精神提供的不只是美學參照,更是一種關於「何謂人」與「何謂倫理共同體」的哲學探索。黑格爾的觀點提醒我們:藝術不應只是形式創新,而應成為理念的歷史實踐與倫理自覺之場域。古典精神的當代表現不在於重現,而在於轉譯──將其內在結構挪用至當代問題中,讓理念再次成為可思、可見且可行的精神形式。

第四章
浪漫藝術與主體性的爆發

第四章　浪漫藝術與主體性的爆發

1. 基督教精神與內在性的藝術呈現

浪漫藝術的哲學開端

黑格爾在其《美學講演錄》中將藝術劃分為象徵、古典與浪漫三大類型，並將浪漫藝術視為藝術史上的最高階段。此一階段的轉變，不僅是風格或形式的改變，更是理念在歷史運動中走向主體性與內在性的重大轉折。浪漫藝術不再強調理念與形式的外在和諧，而是著重理念於內在精神之中的自我發現與感性顯現。這樣的藝術轉向與基督教精神的出現密切相關，因為基督教的核心正是「內在化」與「個人靈魂的無限價值」。

內在性與信仰作為藝術主題

在黑格爾的體系中，基督教是一種極高層次的宗教，因其突破了神與人之間的外在差異，將神性引入人的內在生命之中。耶穌基督作為神與人之統一體，成為主體性實現的典範。這種神學觀點對藝術產生深遠影響，使藝術不再只是宗教象徵的裝飾物，而轉化為信仰歷程的感性紀錄與靈魂轉化的媒介。繪畫、詩歌與音樂中開始出現懺悔、渴望、愛與神祕合一等主題，展現出主體內在精神世界的豐富層次。

1. 基督教精神與內在性的藝術呈現

聖像與聖像破壞的辯證運動

中世紀基督教藝術經歷了聖像崇拜與聖像破壞的辯證過程,這一過程正說明了黑格爾所強調的浪漫藝術內部的精神緊張。一方面,藝術被用來傳達神聖;另一方面,過度的感性形象又可能導致偶像崇拜的偏差。因此,在拜占庭與改革宗教運動中,我們可以看到對藝術形式的持續爭論——藝術既被視為精神通道,也被懷疑為遮蔽真理的障礙。黑格爾認為這種緊張正體現出藝術與理念在浪漫階段的深層衝突。

哥德式建築與神祕空間的構成

浪漫藝術在建築上並未捨棄宗教功能,而是轉向表達信仰內在經驗的空間創造。哥德式教堂以其尖拱、飛扶壁與彩繪玻璃構成一種非古典的神祕空間,其結構的垂直性與光影的流動營造出靈魂向上提升的視覺象徵。這種建築形式不再追求對稱與比例,而是強調靈性與永恆的暗示。對黑格爾而言,這正是內在性理念對空間形式的深刻干預,證明浪漫藝術已將理念從外在形體轉移至主體感受之中。

基督教繪畫的內省與人性化趨向

文藝復興之後的基督教繪畫逐漸由聖像式平面轉向人性描寫。拉斐爾、提香與卡拉瓦喬等畫家的宗教畫作強調人物的情

感、痛苦與靈性凝視。例如卡拉瓦喬筆下的〈聖多馬的懷疑〉，不再只是展現神蹟，而是刻劃信仰與懷疑之間的緊張，體現主體性在神聖面前的內心掙扎。這些作品皆符合黑格爾所述：藝術之任務不再是「描摹神」，而是「呈現人如何在自己內部與神相遇」。

音樂與內在情感的精神表現

音樂在浪漫藝術中獲得前所未有的地位，因其無需依附具體形象即可表達理念。黑格爾認為音樂最能直達主體內心深處，特別是在基督教聖樂、康塔塔與晚期交響樂中，理念不再是可見形象，而是可感節奏、旋律與和聲中的無限性顫動。例如巴哈的〈馬太受難曲〉將基督受難敘事轉化為信徒心靈內在的沉思空間；而貝多芬晚期的弦樂四重奏，則表達出信仰、苦難與自由的內在旅程。這種藝術實踐正是主體性理念的音響化顯現。

結語：從象徵到體驗的轉變

總結而言，基督教精神使浪漫藝術完成了從「象徵」到「體驗」的哲學轉變。藝術不再是理念的圖像化，而是理念於主體內在生命中之實現。黑格爾對浪漫藝術的肯定，不在於其形式，而在於它讓藝術成為靈魂自我運動的現場。這樣的藝術既是信

仰的外化,也是理念的深層歷史表現,代表著藝術從城邦倫理邁向內在信仰的轉折點。

2. 文學與音樂中的情感表現辯證

主體情感的歷史轉向

浪漫藝術的核心特徵在於對主體內在情感的高度關注與深刻挖掘。黑格爾認為,在浪漫階段,藝術已不再以理念的外在形象為主要目標,而是將理念沉入主體內部,轉化為個體靈魂的情感運動。這種情感不只是個人心境的抒發,更是理念之於存在的不穩定感、分裂感與追尋感的表現。特別在文學與音樂這兩種以時間展演為基礎的藝術形式中,情感的辯證性顯得尤為鮮明。

詩歌的雙重運動:表達與昇華

在浪漫主義詩歌中,情感被視為通往理念的通道。詩人不再是歌頌城邦或讚美神明的公共聲音,而是深陷於主體孤獨、自我反省與無限渴望的私密語者。雪萊(Percy Bysshe Shelley)、諾瓦利斯(Novalis)與約翰・濟慈(John Keats)等詩人,其作品展現對死亡、愛、自然與絕對的冥想,詩句既表達痛苦,也試

圖超越痛苦，實現主體與世界、有限與無限之間的通約。這種詩的運動正是一種情感的辯證：從暴露到昇華、從裂解到統一。

小說與現代主體性的浮現

與詩歌的濃縮情感不同，小說以敘事為媒介，描繪主體如何在社會與歷史之中尋找自我位置。黑格爾未系統分析小說，但其對主體性歷史化的理解預示小說作為現代藝術的重要地位。托爾斯泰的《戰爭與和平》、杜思妥也夫斯基的《罪與罰》，皆透過角色內在掙扎與道德困境，展現出理念於情感與倫理之間的張力。小說中的情感並非孤立發聲，而是與社會制度、歷史語境互構，這一過程體現出浪漫藝術中「主體情感的社會化」現象。

音樂作為純情感的藝術類型

黑格爾認為音樂是最能表現情感純粹運動的藝術形式，因其擺脫了可視形式的依賴，直接訴諸於時間與內心。貝多芬、舒伯特與蕭邦等作曲家的作品，展現出理念於情感波動中的動態實現。尤其在晚期浪漫音樂中，主題的轉調、和聲的變化與節奏的懸疑，皆呈現理念如何在主體內部不斷發展、掙扎與和解。例如，貝多芬〈第九號交響曲〉將個人情感昇華為宇宙性歡呼；舒曼的鋼琴小品則在短小結構中表現主體情感的多重層次與自我分裂。

2. 文學與音樂中的情感表現辯證

情感的美學危機與超越要求

然而,黑格爾也指出,情感若無理念引導,將墮入主觀任性與表現主義的無限擴張。當藝術只剩下個體情緒的喧嘩,理念的深度便無從落實。浪漫藝術之所以偉大,不是因其放任感情,而是因其能將情感納入理念的結構中,使其成為精神發展的一部分。因此,在詩歌與音樂的情感書寫中,我們既能感受到主體的破裂,也能看到理念如何從破裂中重新組構其自身。

結語:浪漫藝術中的主體辯證法

在浪漫藝術的語境中,情感從來不是單一維度的呈現,而是內在精神運動的軌跡。這正是黑格爾哲學中所揭示的精神運動:理念並非靜態的真理,而是透過主體在歷史、倫理與宗教經驗中的實踐而逐步展現自身;主體不是情感的被動容器,而是理念得以歷史化與具體化的行動載體。文學與音樂之所以成為浪漫藝術的核心,不僅因為其情感深度,更因為它們能在感性中保留理念的自我運動,展現藝術如何作為主體性的生成場。

3. 黑格爾對詩與小說的哲學詮釋

藝術類型的階層與語言藝術的地位

黑格爾在《美學講演錄》中對各種藝術形式的發展提出一套明確的階層理論，其中語言藝術——特別是詩與小說——被認為是浪漫藝術中理念內在化的關鍵媒介。這類藝術形式脫離了對物質形象的依賴，將理念寄寓於語言與敘事中，使主體的內在世界成為藝術的核心對象。對黑格爾而言，詩與小說不僅是抒發個人情感的工具，更是理念在歷史語境中自我展現、自我矛盾與自我調解的場所。

詩：理念的凝練與主體性的即現

黑格爾對詩的評價極高，認為它具有最直接的理念傳達力。抒情詩以其簡潔形式容納了最高密度的情感與哲思，成為主體性瞬間自我意識的感性形式。這些詩句之所以有力量，不在於其形式技巧，而在於理念如何透過語言的節奏與象徵實現其「即現性」。黑格爾認為抒情詩的特點在於「自我與理念的密合狀態」，詩人將理念內化為自己的存在經驗，並將這種經驗以詩的語言轉化為普遍性的情感呼喚。

3. 黑格爾對詩與小說的哲學詮釋

史詩與戲劇的過渡與解體

在古典藝術中，史詩與戲劇是主要的語言形式，承載著英雄、命運與倫理整體的再現任務。然而，在浪漫藝術階段，黑格爾認為這兩者逐漸失去原有整體性的結構功能。史詩的敘述者已不再站在神話與歷史的總體視角，而是從個人主體的角度看待歷史與世界，形成小說的雛形。戲劇則因倫理體系的崩解，轉向展現角色內在矛盾與心理衝突。這些轉變代表著語言藝術從「客觀形式」向「主觀經驗」的根本性移動。

小說：現代理念的敘事容器

儘管黑格爾對小說的探討不如對詩的系統，但他對小說所隱含之現代精神特質已有深刻了解。小說不同於史詩，不再依賴神話與英雄的外在權威，而是呈現出主體在現代社會中面對制度、倫理與他者時的自我建構與否定過程。小說中的人物不是理念的具體象徵，而是理念在現代生活結構中的受難者與實驗場。例如，杜思妥耶夫斯基小說中的角色常在罪、救贖、信仰與瘋狂之間擺盪，展現出理念如何在道德裂縫中尋找重構的可能。

語言的辯證運動與形式靈魂的現身

黑格爾對語言藝術的核心洞察，在於語言不是透明的傳遞媒介，而是理念在歷史與文化中的自我運動形式。詩與小說透

過語言使精神進入時間性、敘事性與文化性之中,並在這些結構中尋求其自身的顯現。語言在這裡不只是表達工具,而是理念的形體,是「理念的第二身體」。這使詩與小說不僅具有文學性,更具有哲學性,是理念透過語言實現自由與反省的場所。

結語:語言藝術與精神自由的統合可能

對黑格爾而言,詩與小說的真正價值在於其能整合主體的經驗與普遍性的理念,使自由不再只是抽象概念,而成為情感、歷史與倫理張力中的實踐目標。小說與詩因此成為浪漫藝術中最高的精神活動表現形式,其辯證力量不在於對形式的突破,而在於能在語言中重建理念的自我運動與主體性的歷史結構。

4. 浪漫藝術與宗教理念的交會

理念與宗教的再遇場域

黑格爾在《美學講演錄》中指出,浪漫藝術的本質在於理念與主體性的內在結合,而宗教則成為這種結合的終極向度。與古典藝術強調倫理共同體的和諧秩序不同,浪漫藝術與宗教的交會,是主體在絕對他者面前的思索、迷失與回歸。在這一轉

4. 浪漫藝術與宗教理念的交會

向中，藝術不再僅是人間秩序的再現，而是與神聖領域對話的通道，是理念穿越感性與主體性之後，抵達超越性的表現場。

基督教與浪漫藝術的精神共構

基督教作為內在宗教（innere Religion），強調神與人的內在關係，其神學基礎為藝術提供了浪漫化的土壤。耶穌基督的受難與救贖、信仰中的懷疑與肯定，成為藝術創作最常取材的精神原型。在繪畫上，從喬托、達文西到提香，聖母的凝視、耶穌的痛苦與復活的光輝，不只是情感的描寫，更是理念在歷史事件中的呈現。這種藝術性展現，不是單純的宗教敘事，而是一種在藝術中體現神學的辯證結構。

情感性與信仰的相互激發

浪漫藝術將宗教理念人性化，也將人的情感神聖化。在音樂中，尤其明顯。巴哈的聖樂作品如〈b 小調彌撒〉、〈馬太受難曲〉，將福音敘事與對主體靈魂的引導融為一體，展現「理念在音樂中祈禱」。這些作品將信仰情感內在化，讓藝術不只是讚美神的工具，而是經驗神之臨在的空間。黑格爾指出，這類藝術之偉大在於它使宗教從教義走向存在，使理念從神學抽象進入生活經驗。

第四章　浪漫藝術與主體性的爆發

哥德式教堂與空間中的超越召喚

黑格爾特別強調建築在浪漫藝術與宗教交會中的地位。與古典神殿的對稱封閉不同，哥德式教堂引入光線、垂直性與抽象空間，試圖讓建築本身成為靈魂向上提升的象徵。透過飛扶壁、彩繪玻璃與尖塔，空間不再只是容納功能，而是理念與神聖的空間實現。這種宗教空間的藝術形式，是感性世界中對超越性理念的形塑，是理念在空間中進入歷史的證據。

藝術與宗教：互補或超越？

黑格爾在《宗教哲學講演錄》中進一步提出，藝術在浪漫階段開始面臨其終極的辯證限制：當宗教自身已能承擔理念的顯現功能時，藝術便可能退居其次。因此，藝術與宗教的關係既是合作也是張力。藝術使宗教變得可見，但宗教也使藝術成為其附屬者。藝術若不能提供超越宗教儀式的理念反省，就只能依附於信仰的教條結構之中，無法完成自由精神的展現。

浪漫藝術的宗教形式困境

浪漫藝術雖在宗教題材上達到高峰，但黑格爾也提醒：這樣的發展內含矛盾。當藝術被宗教高度內化，情感表達雖豐富，卻可能失去理念的自足性與批判性。藝術若只是信仰的工具，而無理念自身的展現自由，則無法延續其作為絕對精神感性形

態的地位。這正是浪漫藝術內部的自我否定——藝術為了進入精神而被宗教收編,最後反而導向其歷史終點。

結語:現代宗教藝術的殘響與再思考

在當代,浪漫藝術與宗教理念的交會仍存遺緒。從電影、詩歌到裝置藝術,許多創作者仍試圖以藝術表現神聖、超越與內在呼召。例如安德烈・塔可夫斯基(Andrei Tarkovsky)透過電影展現信仰與時代的緊張,或藝術家美詹姆斯・特瑞爾以光構空間,引導觀者進入冥想與沉思的經驗場。這些表現並非宗教的附屬,而是藝術自身與宗教理念的再次交會,彷彿回應了黑格爾美學的精神內核:即便藝術在歷史的主位已讓位於哲學,它仍可能以新的形式,在感性與理念之間,開啟另一層次的對話。

5. 主體性與超越性的藝術表現

浪漫藝術中的內在分裂

黑格爾指出,浪漫藝術的根本特徵在於主體性的高度發展,但這種發展往往伴隨著理念與現實之間的深層裂痕。在古典藝術中,精神與感性尚能達到某種形式的和諧;然而在浪漫藝術中,主體發現自身與理念的距離既無法消除,也無法完全呈現。這使得藝術表現由整體性走向斷裂,由和諧走向掙扎。這

第四章　浪漫藝術與主體性的爆發

並非藝術之退步，而是理念在更高層次的辯證運動中所必經的階段。

自我意識的深層歷史性

主體性的藝術展現並非抽象內省，而是深具歷史維度。黑格爾認為，現代主體不僅經驗內在情感，也經驗歷史的不穩定、倫理的相對化與信仰的動搖。藝術因此成為主體在「時間之中尋找永恆」的行動。例如在 19 世紀浪漫主義繪畫中，弗里德里希（Caspar David Friedrich）筆下的人物總背對觀者，面向自然或遺跡，象徵人在歷史與自然的縫隙中尋求超越。這些畫面並不直接訴說理念，而是讓觀者進入同樣的尋求歷程。

絕對與有限的辯證對抗

浪漫藝術中主體經常面對的是理念的不可達性。神不再現身於人世間，而存在於失落之中；絕對不再化為形式，而轉化為缺席與渴望。這種結構在音樂與詩中尤為明顯。蕭邦的夜曲、馬勒的交響曲，以及賀德林的晚期詩作，都展現出一種「為理念而痛」的精神結構。藝術不再表現理念的存在，而是理念的缺席如何在主體中激發出更深的自覺與掙扎。

5. 主體性與超越性的藝術表現

表現形式的極限實驗

這種主體性與超越性之間的張力，也反映於藝術形式的不穩定與變異。黑格爾指出，在浪漫藝術後期，藝術逐漸捨棄古典時期嚴格的形式框架，進入實驗與破碎的語言之中。文學上出現碎片化敘事、非線性時間與多重視角；音樂上出現調性模糊與主題消解；繪畫則轉向象徵主義與超現實主義，呈現夢境、幻想與潛意識。這些形式實驗不僅是風格選擇，更是理念對感性世界無法再「自然顯現」的哲學指認。

宗教與藝術中的交會裂痕

主體性與超越性的張力也改變了宗教與藝術的關係。在早期浪漫藝術中，藝術常被視為信仰的延伸；但在晚期浪漫與現代藝術中，宗教與藝術之間出現裂痕。主體不再單純向神投射信仰，而是在懷疑、否定與超驗追尋中與神相遇。尼采對「上帝已死」的宣告，即是一種超越性的空缺表述，而藝術在這一語境下承擔起新形上學的責任。藝術轉為「沒有神的宗教」，成為理念仍渴望實現但找不到對象的流動場域。

結語：自由精神與其宿命的美學辯證

在黑格爾看來，浪漫藝術最深刻的價值在於它讓主體性獲得真正自由的空間，但這種自由並非無限的創造力，而是理念

與現實不協調所揭示的真實性。主體自由總與失落、失衡、失序交織在一起，藝術則在這些交織中尋求更高的統整與理解。因此，浪漫藝術的「自由」不是勝利的象徵，而是精神在現代境況中仍願意思考理念、仍嘗試表現超越的行動證明。

6. 絕對精神與藝術之終結命題

藝術作為理念之感性現身的歷史階段

在黑格爾的哲學體系中，「絕對精神」（der absolute Geist）指的是理念在藝術、宗教與哲學三種形態中逐步實現其完全自我認知的過程。藝術被定位為這一進程的起點，其功能是將理念藉由感性形式呈現，使普遍性的精神得以進入具體的形象世界。然而，黑格爾亦明確指出，藝術雖是理念的必要顯現形式，卻並非終極之形式，因為感性始終無法完全容納理念的無限與自由，藝術因此必然面對其「終結」命題。

終結不是消亡，而是歷史性揚棄

黑格爾在《美學講演錄》中多次提到藝術的「終結」（das Ende der Kunst），這一說法常被誤解為藝術的消滅，實則不然。在黑格爾語境中，「終結」是一種歷史性階段的完成，是理念在藝術

6. 絕對精神與藝術之終結命題

中完成其可感展現的任務後,向更高層次的宗教與哲學遞進的辯證過程。這意味著藝術的角色被歷史條件所限制,它的終結乃理念自我實現邏輯中之必要發展。

藝術與理念分離的危機現象

進入現代,藝術開始脫離原初的宗教與倫理根基,轉而追求形式創新、主體表達與自我批判。黑格爾認為,當藝術不再以理念為其內容中心,而是轉為形式實驗或心理投射,其作為理念顯現的功能便漸趨削弱。這一點在 19 世紀後期至 20 世紀的藝術實踐中尤為明顯——無論是象徵主義的逃逸性,還是現代主義對形而上之否定,都顯示藝術在缺乏形上學支撐下的結構疲乏。

宗教與哲學作為理念更高的顯現地

黑格爾認為,相較於藝術的感性限制,宗教與哲學能更直接表達理念的普遍性與無限性。宗教以象徵與信仰建立理念與內在之神聖關係;哲學則以思辨語言將理念提升至純粹自我認知的境地。這並非貶抑藝術,而是指出其歷史角色的變化——當藝術完成了理念感性表現的任務,理念本身會追求更高的明證方式。哲學在此扮演終極角色,使精神獲得透明而清楚的自我理解,達致其真正自由。

當代表現的多元化與黑格爾式終結的再思

儘管黑格爾認為藝術終將讓位於哲學,但當代藝術的發展卻呈現出多元復返與形式自覺的趨勢。裝置藝術、行為藝術、概念藝術與數位藝術等形式,並未完全背離理念的訴求,而是重新定義藝術如何呈現「不可見者」、如何在科技、社會與個體之間尋找新的理念承載結構。從這一角度看,「終結」更可視為藝術對自身媒介限制的自我意識,是藝術轉向思辨性與哲學性的表現,而非功能之喪失。

黑格爾的當代回聲:藝術作為反思的空間

即便黑格爾認為哲學超越藝術,但其對藝術角色的界定仍具有當代意義。在去中心化與後形上學時代,藝術之所以持續被生產與思考,正在於它仍提供一種反思與辯證的空間。在失落的理念時代中,藝術提供了一種非概念但深刻的存有經驗,使我們仍能感知理念之不可見運動。因此,黑格爾的「終結命題」並非告別藝術,而是呼籲藝術回應其精神使命的轉化。

結語:理念的開放性未竟之路

最終,黑格爾的藝術終結論不應被視為封閉句點,而應理解為理念開放歷程中的階段性注解。藝術從未真正終止,只是

其承載理念的方式已發生根本變化。當我們理解藝術不再是絕對精神的唯一形式,而是多重表現路徑之一,便能在黑格爾的框架中看見藝術持續更新的可能性——不再作為理念的複製,而作為理念運動本身的一部分。

7. 後浪漫藝術的存有危機

歷史結構中的藝術自我消解

黑格爾在《美學講演錄》提出藝術發展的三階段理論——象徵、古典與浪漫——其終極指向是藝術在理念歷史運動中的「完成」,而非永恆重複。然而當浪漫藝術發展至極點,藝術的內部張力與表現形式也漸趨疲乏,出現所謂「後浪漫」時期的存有危機。此一危機不是技法退化,而是理念難以再以感性方式充分顯現,藝術與理念之間的深層斷裂逐漸成形。

表達過度與內容貧乏的對位

在後浪漫藝術中,形式手段與創作自由達至空前的多樣性,但卻同時伴隨著內容之貧乏與理念之空轉。許多藝術作品展現極端的個人主觀性、情緒複調與感官刺激,但缺乏內在精神深度與倫理張力。黑格爾若面對今日的藝術現象,或許會指出這

是一種「表達過度卻理念匱乏」的矛盾結構——主體被放大，但失去了與絕對理念的連結，藝術淪為風格遊戲與市場操作的符號體系。

現代主體的疏離感與審美危機

後浪漫時代的主體意識面對現代社會制度化與價值相對化的挑戰，其內在經驗被剝奪了形上學根基，藝術成為孤立主體對抗荒謬世界的武器與出口。在貝克特（Samuel Beckett）的劇作、培根（Francis Bacon）的繪畫中，我們見到的是撕裂、自毀與沉默——一種已失去語言與意義的審美形式。這些創作並不否定理念，而是揭露理念的沉默與無力，使藝術陷入「可見但無可說」的困境。

藝術公共性與倫理感的衰微

浪漫藝術尚有宗教與歷史支撐其倫理性與共同體意涵，而後浪漫藝術則常被批評為過度個人化、去倫理化。當藝術脫離理念基礎，只剩創作者的情緒書寫或對體制的破壞行動時，其能否仍稱之為「藝術」成為問題。黑格爾式的藝術觀要求理念與倫理的可感現身，若藝術無法提出共通價值或引發精神自我省思，那麼它可能只是感官衝擊的展示，不再屬於絕對精神的實現軌跡。

7. 後浪漫藝術的存有危機

媒介泛化與藝術界限的崩解

後浪漫時代的另一特色是媒介界限的消融。影像、聲音、身體、網路、AI 皆可作為藝術工具。這種媒介泛化固然擴張了藝術實踐的邊界,卻也模糊了藝術與非藝術、理念與商品、精神與娛樂之間的界線。黑格爾哲學講求形式與理念的一致性,而在當代表現中,媒介形式經常先於內容出現,導致理念無所依附,藝術轉化為純粹事件、裝置或行動,而理念則被迫退出其居所。

存有危機中的再思考契機

儘管後浪漫藝術遭遇深刻的存有危機,但這種危機亦可被視為藝術內部對其本質的反思與重構。在一些當代作品中,藝術家重新回歸精神性與哲學性,試圖在去宗教與後形上學的背景下重構理念的顯現結構。如比爾・維奧拉(Bill Viola)的錄像藝術,透過慢動作影像與靜默情境再造出現代神祕感,或如安塞姆・基弗(Anselm Kiefer)的作品則在歷史創傷中探問存有與理念的可能性。這些創作提醒我們:藝術雖走出浪漫,但理念之路尚未終止。

第四章 浪漫藝術與主體性的爆發

結語：黑格爾藝術哲學的當代延續

黑格爾所述的藝術終結不是一種審美終點，而是藝術自覺其歷史位置後轉向深層精神探索的呼召。後浪漫藝術的存有危機不代表理念之死，而是理念必須穿越混沌、斷裂與無序，重新尋找其現身形式。在這樣的歷史時刻，藝術若能超越自我消解的誘惑，回應理念的召喚，則其危機將可能轉化為生成的契機。正如黑格爾哲學所揭示：精神的真實往往不是在自我肯定中出現，而是在否定與裂解中實現其更深的統一。

第五章
宗教的理念結構與歷史發展

第五章　宗教的理念結構與歷史發展

1. 宗教與哲學的關係：黑格爾的三段論

宗教與哲學的本質差異與同源性

在黑格爾的體系中，宗教與哲學並非彼此對立的知識領域，而是理念表現的兩種不同形式。宗教以想像與象徵的形式表達理念，哲學則以純思辨的概念語言呈現理念之本質。兩者的差異，在於宗教使理念以形象進入集體生活與情感經驗之中，而哲學則追求理念在概念中達致其自我理解。因此，黑格爾認為宗教與哲學「在內容上相同，在形式上不同」。

三段論結構下的精神運動

黑格爾將宗教與哲學的關係納入其辯證結構中，以「感性－表象－概念」的三段進程刻畫理念的顯現。感性階段對應藝術，以感性形式展現理念；表象階段則是宗教，以圖像、神話、儀式將理念展現為共同體經驗；概念階段則是哲學，理念在此成為自為的、無媒介的自我運動。宗教居於中段，是理念過渡於自身與普遍自覺的關鍵環節。這也是為什麼黑格爾特別強調宗教的地位，即便哲學終將超越它。

1. 宗教與哲學的關係：黑格爾的三段論

宗教的辯證功能：由有限走向無限

宗教作為理念的表象形式，其特質不在於提供絕對真理的終極概念，而在於讓理念藉由人類歷史、情感與象徵形象漸趨明朗。黑格爾強調，宗教透過信仰、教義與典禮，使有限的主體進入理念的世界，從而參與無限精神的運動。這種參與雖非思辨自覺，但在倫理行為與集體記憶中形成了真理的感性支撐，是理念必經的歷史形式。

宗教與哲學的交錯與危機

然而，當宗教被僵化為教條，理念被定格為歷史經文或律法規範，其與哲學的張力也隨之升高。哲學質疑宗教形式的權威，轉而尋求理念之內在邏輯與自由表現，這導致宗教的象徵語言與哲學的概念體系之間產生衝突。黑格爾並不視此為對立，而是一種歷史性的交錯與必然過渡：宗教的限制推動哲學的誕生，而哲學的成熟也將照亮宗教內在的核心理念。

結語：從基督教到理念的自我完成

在黑格爾看來，基督教的核心教義——神成為人、愛作為普遍精神力量、個體靈魂的無限價值——為哲學的發展創造了空間與基礎。唯有基督教將神性與人性統一的理念提出，哲學才能開始思索「自由精神」的可能性。因此，宗教在其最深刻

第五章　宗教的理念結構與歷史發展

之處,就是理念的轉折點,預示著哲學的出現與理念的最後自我認知。宗教不是被取代,而是被揚棄(Aufgehoben)至哲學之中,完成理念的歷史旅程。

2. 自然宗教與藝術宗教的交替發展

宗教發展的歷史分期:理念的進程圖像

黑格爾在《宗教哲學講演錄》中提出宗教發展的三階段分類:自然宗教(Naturreligion)、藝術宗教(Kunstreligion)與啟示宗教(Offenbarungsreligion),這一分類並非單純的歷史編年,而是理念自我顯現的辯證圖式。自然宗教以自然力量與生命現象為崇拜對象,藝術宗教則將神性擬人化並透過藝術形式予以表現,而啟示宗教則代表著理念由外在轉入內在,由象徵形象進入靈魂深處。自然與藝術宗教的交替發展,不僅展現宗教形式的演進,也揭示精神逐步逼近其自身真理的歷程。

自然宗教:對無限的初始感知

自然宗教為人類文明早期對天地、動物、星辰等自然現象之神祕力量的直觀崇拜。其宗教形式高度依賴感性與生命本能,缺乏倫理組織與理念內容,但正因如此,它也最能反映人類最初對無限與崇高的感覺經驗。黑格爾認為,這類宗教呈現「理念

2. 自然宗教與藝術宗教的交替發展

在他者中迷失」的狀態，神聖尚未被區分為與自然對立的超越實體，而是與自然渾然一體。埃及的太陽神、印地安的風雨神、非洲的生命樹與圖騰體系，都屬此範疇。

藝術宗教：理念之人形化實現

進入古希臘與古埃及文明，宗教不再僅是自然的再現，而轉向對神祇之具象形塑。這就是黑格爾所謂的「藝術宗教」——神在此被雕刻、繪製與歌頌，其神聖性表現在具體形式之中，特別是人形之中。這一階段不僅代表理念開始進入感性形式，更代表神性開始具備倫理意涵與文化整合力。雅典娜象徵智慧與城邦秩序，宙斯代表法則與主權，藝術宗教使神祇成為集體精神的集中體現。

自然與藝術宗教的辯證運動

然而，黑格爾亦強調，自然宗教與藝術宗教並非簡單的線性替代關係，而是一種辯證運動：在藝術宗教的高峰時刻，對自然的回返亦同時發生。古希臘藝術雖高舉人形，但自然神祇如戴歐尼修斯的崇拜也依舊盛行，象徵著無序、狂歡與本能對理念秩序的反動。而在中世紀基督教內部，聖方濟各對動物與自然的敬愛亦重新激活自然宗教的情感結構，證明這兩者從未真正分離，而是在精神發展中彼此交纏、互補與批判。

第五章　宗教的理念結構與歷史發展

藝術宗教的頂點與危機

在黑格爾看來，古希臘是藝術宗教最圓滿的實現，因其成功地將神祇的理念與人文倫理相結合。但這種結合終將暴露其極限：神形愈具體，其超越性便愈受限制；藝術愈精緻，理念便愈被形式所遮蔽。當藝術無法再滿足理念的無限要求時，宗教形式的危機便隨之而來。這種危機並非文化崩解，而是理念試圖超越感性與形象的內在召喚——正是這種召喚，促成啟示宗教的出現。

現代宗教中的古層殘留

即使在現代啟示宗教（如基督教）主導的世界中，自然與藝術宗教的遺緒仍潛藏其中。宗教節慶中的火焰、水與樹木象徵，儀式中的圖像、詩歌與建築語言，皆是古老自然宗教與藝術宗教的殘影。黑格爾提醒我們，宗教形式的多樣性並非混亂，而是精神歷史的沉積層；理解宗教的歷史，就需理解理念如何經過自然、形象與信仰的歷程，逐步實現其自身。

結語：辯證地保留歷史的神聖形式

自然與藝術宗教雖被啟示宗教所「揚棄」，但其精神價值並未被否定。黑格爾認為真正的歷史進展，不是消除前階段，而是將其保留於更高形式之中。自然宗教提供了對神祕與崇高的

直接感受，藝術宗教提供了對人性與秩序的形象理解，啟示宗教則整合兩者，使神成為人的內在實體。這種精神保留，使宗教史不只是信仰發展，更是理念自我顯現的詩意編年。

3. 啟示宗教中的主體性深化

啟示宗教的出現與辯證突破

在黑格爾的宗教哲學體系中，「啟示宗教」（Offenbarungsreligion）代表著宗教發展的最高階段，其核心在於神性不再外在於世界與自然，也不再僅限於藝術形式中的形象，而是透過啟示進入主體的內在生命。啟示宗教以基督教為代表，它不是簡單的神學系統，而是一種將神視為自我意識之真理的精神革命。這個階段的到來，象徵宗教從外在信仰過渡為內在倫理與自由的形式，是主體性獲得宗教正當性的歷史時刻。

神性由超越轉入內在

在自然宗教與藝術宗教階段中，神性多半透過外在的自然現象或具象形象被感知與崇拜。相較之下，啟示宗教則代表著理念進入人的內在精神領域。對黑格爾而言，基督教之所以成為宗教發展的最高階段，正因其核心教義──即耶穌作為神與人的統一──表現出神性不再只是超越於人的他者，而是能在

人的主體性中顯現並實現。這使得人不再只是被動接受啟示的對象，而成為理念顯現自身的場所。在黑格爾看來，宗教的終極意義在於：理念不是停留在對象世界中，而是在人的自我意識中找到與自身的統一，完成精神的認知與和解。

主體性作為信仰的內容

在啟示宗教中，信仰不再只是服從神的律令，而是人成為理念的能動承載體。這種主體性表現在人的良知、道德行動與自我反省中，並不是單純的心理狀態，而是理念的歷史顯現形式。黑格爾認為，啟示宗教之所以優於其他宗教，不在於其教義更為完整，而在於其結構性地容納了主體性與自由意志，使宗教不再是他律的儀式體系，而成為自我倫理實踐的形上根源。

罪與救贖：理念的歷史內化

啟示宗教的一大特徵是其對「罪」與「救贖」的深層關注。黑格爾認為，這些概念不是道德懲罰的機制，而是理念辯證運動在主體內部的展現。罪象徵主體對理念之疏離，救贖則是理念重建與主體的重新合一。耶穌的受難與復活，是理念從斷裂、否定到復歸的辯證模式，是「絕對理念透過否定而實現自身」的象徵圖式。這使得信仰不再是情感依附，而是主體透過歷史與內在掙扎，走向理念自覺的過程。

3. 啟示宗教中的主體性深化

啟示宗教中的倫理普遍化

黑格爾特別強調基督教倫理觀的普遍性。相對於古典宗教以城邦或民族為倫理基礎,啟示宗教提出「所有人皆為神之子」的理念,將倫理普遍化為一種非排他的精神共同體。在此框架下,自由、愛與赦免成為宗教實踐的核心價值,這不僅對哲學發展造成深遠影響,也對近代政治與人權思想提供了形上基礎。黑格爾認為這種倫理普遍性是宗教史上的重大創舉,也是宗教完成理念自我普遍化之象徵。

理性與信仰的辯證統一

與傳統宗教將理性與信仰對立不同,黑格爾主張兩者在啟示宗教中達成辯證統一。真正的信仰不是對理性的逃避,而是理念透過信仰進入主體生活的形式;真正的理性也不是冷峻的概念運算,而是理念在歷史與倫理關係中的展現。因此,啟示宗教成為理性與信仰結合的舞臺,是哲學誕生的精神溫床,也是宗教作為理念媒介的最後形式。

結語:現代主體的信仰挑戰與可能

儘管黑格爾高度肯定啟示宗教,但他亦承認現代主體在世俗化與懷疑主義的衝擊下,已難以全然接受傳統啟示觀。然而,這並不意味宗教的終結,而是宗教需以新的語言重述理念,使

理念與自由主體再度契合。當代宗教若能重拾啟示宗教對主體性、倫理與理念的深度關懷，便仍能成為理念實現的重要現場。宗教的未來，不在於重返教條，而在於理念如何在當代經驗中再次被揭示。

4. 基督教理念與辯證法的融合

理念在歷史中的最高展現

在黑格爾哲學中，基督教不僅是宗教史上的一種信仰形態，更是理念在歷史中達到自我認知的決定性節點。與其他宗教不同，基督教將神性與人性統一於「具體的人」——耶穌基督之中，這一結構成為理念辯證法的核心實例。黑格爾認為，基督教的基本教義（如道成肉身、受難與復活）不應被視為神祕神學，而是理念自我運動在宗教形式中的象徵表達。這些教義所呈現的並非超驗奧祕，而是一種以感性形象表達出邏輯結構的運動——正是理念透過「否定之否定」完成自身回歸與自我認知的歷程。

道成肉身：理念進入具體

黑格爾在宗教哲學體系中格外重視基督教的「道成肉身」（In-carnation）教義，視其為理念發展的重要轉捩點。在他看來，耶穌不僅是倫理的教導者或歷史中的宗教人物，更象徵理念首次

以具體的主體形式進入歷史，成為自由精神的個體存在。這正是「無限者進入有限者」的哲學表現，也是辯證法中「普遍具體化為特殊」的核心運動。黑格爾藉此指出，理念不再僅存在於抽象的思辨中，而是透過歷史事件與主體實踐實現自身。基督教的核心教義因此不僅屬於神學範疇，更參與了精神自我顯現與和解的整體運動，是理念在歷史中的一種哲學形態。

受難與復活：理念的否定與重構

基督教的受難與復活並非單一事件，而是一個完整的辯證過程。黑格爾指出，耶穌之死代表理念在現實中的否定，是自由精神對罪、歷史與苦難的自我投入。而復活則是理念透過否定達成更高階段的自我實現，是「精神揚棄肉體限制」的象徵。這種從死亡中產生新生命的結構，是黑格爾辯證法的核心形式：理念唯有經歷其對立與裂解，方能重構其完整性。

聖靈作為主體性的形上象徵

在基督教三位一體的概念中，黑格爾特別強調「聖靈」的哲學意涵。聖靈並非神祕力量，而是理念自我運動後所生成的普遍主體性，是倫理共同體與自由精神的總體顯現。這一觀念將個體信仰提升至歷史實踐與倫理秩序中，使宗教不再只是私人內心經驗，而是自由理念於世界中實現的集體形上結構。聖靈因此象徵「理念之普遍性透過主體展現自身」。

第五章　宗教的理念結構與歷史發展

信仰與理性的辯證統合

　　黑格爾並不主張用理性去消解信仰，而是將信仰視為理念在感性、倫理與歷史中的階段性表達。真正的理性並不與信仰對立，而是使信仰自覺其理念內容。因此，基督教的信仰結構實為理念邏輯的宗教表徵，其「不可見」實為「尚未以概念形式展現之理念」。從道成肉身到復活再到聖靈的臨在，這一過程即是一種「理念於非理念中的顯現」，是辯證法在宗教形式中的實踐。

倫理共同體與歷史責任

　　透過基督教，理念不再只是哲學家的觀念建構，而進入到歷史中的倫理實踐。黑格爾認為，基督教信仰要求的「愛」、「赦免」、「自由」等價值，構成真正倫理共同體的基礎。這些價值並非外在命令，而是理念在歷史中被實踐之必然，具有形上學根基。因此，教會、國家與文化發展皆可視為理念透過倫理實踐的不同歷史樣態，是「理念自身在歷史中之實體化」。

結語：基督教的歷史極限與哲學揚棄

　　儘管黑格爾將基督教視為宗教的頂峰，但他亦指出其形式仍停留在表象階段。神的啟示雖已將理念內化於主體，但其語言尚未轉化為純粹概念。因此，哲學的出現是歷史必然——它

不是否定基督教內容,而是將其象徵語言轉化為邏輯思辨,使理念得以在理性中完成其絕對自我認知。也因此,黑格爾主張:「哲學即理性之宗教,宗教即想像之哲學。」

5. 黑格爾對宗教形式的系統化分類

宗教形式分類的理性基礎

黑格爾對宗教的分析並非建立在宗教史的經驗性描述上,而是建立於理念發展的邏輯過程中。他將宗教視為理念(Idee)在感性與歷史中的自我展現,並透過其邏輯三段論架構出一套系統性的宗教類型學。這種分類方法的目標是揭示宗教如何作為理念之實現形式,隨著精神的成熟逐步接近真理本身。宗教不是靜態的信仰內容集合,而是理念自我運動過程的具象痕跡。

三階段分類:自然、藝術與啟示宗教

黑格爾將宗教劃分為三大類型,對應理念的自我展現歷程:

1. 自然宗教(Naturreligion):理念尚未從自然中分離,神性與自然力混為一體,是感性直觀與無意識崇拜的表現。典型如原始部落信仰、埃及與中國古代天命觀等。

2. 藝術宗教(Kunstreligion):理念開始具象化為人形,藝術形

式成為神性的載體。希臘宗教為代表,其特點是神祇人格化,並與倫理與城市生活結合。

3. 啟示宗教(Offenbarungsreligion):理念最終內在化為主體,神不再是外在形象,而是透過主體性與內在精神活動被揭示。此階段以基督教為範例,完成理念與自由主體的結合。

這一分類不僅反映宗教內容的轉變,更體現理念如何從客觀世界的依附走向主觀自由的自我認知。

宗教發展的邏輯結構:從抽象到具體

黑格爾指出,宗教形式的演進是由抽象走向具體的歷程。自然宗教的神力模糊而廣泛,象徵理念尚未分化;藝術宗教將理念轉化為形象,賦予神以人格與倫理意義;啟示宗教則實現理念的概念自覺,使主體在與神的關係中理解自身之自由本質。這樣的發展符合辯證法中「抽象-否定-具體」的運動邏輯,也與黑格爾整體哲學系統的結構相符。

宗教形式與歷史文化的對應關係

儘管黑格爾的宗教類型學源自邏輯結構,但他同時強調其具歷史具體性。不同宗教形式對應不同的文明階段與社會結構。例如:

5. 黑格爾對宗教形式的系統化分類

- 自然宗教

  與部落社會、自然農耕文明相關，特徵是圖騰、祖靈崇拜與巫術儀式。

- 藝術宗教

  反映城邦制度與公民倫理的成熟，如希臘多神信仰與戲劇性祭儀。

- 啟示宗教

  出現在主體性意識抬頭之後，伴隨羅馬法、普遍倫理與個人內在意識的發展。

  這種歷史－邏輯雙重分析，使宗教不再只是文化現象，而是理念歷史的實踐載體。

宗教形式與藝術、哲學的對應性

黑格爾將宗教形式與藝術與哲學的三階段模式進行平行安排：

發展階段	藝術形式	宗教形式	哲學對應
第一階段	象徵藝術	自然宗教	抽象思維
第二階段	古典藝術	藝術宗教	辯證初階
第三階段	浪漫藝術	啟示宗教	絕對理念的思辨

這個對照表顯示，藝術、宗教與哲學雖屬不同領域，卻共同參與理念的歷史展開，是同一精神運動的多重面向。

結語：實現理念的整體性理解

黑格爾之所以進行這種宗教形式的系統化分類，並非為了知識分類學，而是為了在宗教中發現理念的展現軌跡。每一宗教形式不僅包含對神的理解，也反映人類如何理解自身、自由、倫理與世界。透過此分類，我們得以了解宗教在人類歷史中的角色：它不是意識形態或政治工具，而是理念與人相遇的方式，是理念在時間中為自己奠定根基的歷史建構。

6. 宗教象徵與理念思維的界線

表象與概念的結構性區別

黑格爾在宗教哲學與邏輯學中反覆強調一個基本區別：宗教所運用的是「表象」（Vorstellung），而哲學運作於「概念」（Begriff）之中。表象是一種經由感性圖像、比喻或神話所構成的意義系統，它具有高度象徵性，能將抽象理念以形象、事件與敘事方式傳達。但這種方式終究受到具象形式的限制，無法揭示理念自身的邏輯結構。概念則超越表象，它不是感官對象，而是理念的自我反思與自我展現，純粹而內在地掌握其自身的運動。

6. 宗教象徵與理念思維的界線

宗教象徵的必要性與限制性

在黑格爾的體系中，宗教象徵不是可有可無的裝飾，它是理念進入歷史與感性世界的必要橋梁。宗教將理念託付於聖經故事、宗教儀式與神祇形象，使普遍的真理成為可以感知、記憶與實踐的內容。例如，「耶穌受難」作為象徵形象，呈現了理念透過否定實現自身的邏輯。但黑格爾也明確指出，象徵的力量是具時代性的，它無法長期維持普遍性的思辨深度；當理念要求更高形式的顯現時，象徵語言將顯得模糊、不足，甚至阻礙理解。

宗教語言的詩性與非概念性

宗教語言本質上是詩性的，其特徵是開放性、多義性與情感強度。例如，「聖靈降臨」可理解為神恩、倫理感、歷史轉折或集體精神之生成，語義複數是其力量所在。但也正因如此，當宗教試圖提供形上學與倫理秩序時，其語言往往無法提供足夠邏輯明晰度。這也正是為何黑格爾堅持，宗教若要完成其精神使命，必須讓位於理念思維的概念化實踐。

理念思維的嚴格性與抽象性

與宗教象徵的感性與詩性不同，理念思維追求的是邏輯一致、自我展開與非形象性的真理顯現。這種思維不依賴圖像，而以辯證法為運動方式，使理念自身展現其矛盾與解決的過程。

第五章　宗教的理念結構與歷史發展

黑格爾的哲學，即是在此基礎上建立起邏輯學、自然哲學與精神哲學三部曲。此一體系所處理的，是宗教無法處理的問題——理念如何從「自己」出發，透過否定與重構，實現為「自在又自為」的自由精神。

哲學與宗教的交會與分流

黑格爾並不認為宗教與哲學是敵對關係。相反，宗教在歷史上為理念的呈現提供了最具情感深度與文化穿透力的通道。但隨著精神之成熟，宗教之象徵性與非系統性將無法滿足理念自身的表達需求。這時，哲學成為宗教的「超拔形式」：它不是否定宗教的真理，而是使宗教之真理不再依賴神話與圖像，而是在概念中直接自明。這樣的轉換是信仰升向理性之必要歷程。

現代意識的徘徊與混淆

當代社會中，我們可以觀察到宗教與理念思維之間的界線再度模糊。一方面，某些宗教思潮拒絕哲學化，重返情感與儀式的純粹表現；另一方面，有些哲學則被文化相對主義吸收，放棄理念的普遍性要求。這一情勢正如黑格爾所警示：當象徵取代概念、當表象壓倒思辨，精神將無法覺察自身，歷史也將喪失其理念指引。因此，釐清宗教象徵與理念思維的界線，不只是認識論問題，更是文化存續與自由實現的關鍵。

結語:象徵的保存與哲學的使命

黑格爾並未主張廢棄宗教象徵,而是強調其歷史意義與精神價值應被「揚棄」——即在更高的理念中被保存與超越。象徵如同理念的外衣,它們可啟動情感、提供倫理圖式、鞏固集體記憶,但終究需由理念加以穿透與澄清。哲學的使命即在於此:使精神不再依附圖像,而於自身中思其所是;不再重述傳說,而在概念中重構自由。這是一條困難的路,但唯有此路,理念方能真正為自身所知。

7. 當代表現中的宗教殘餘與轉化

宗教是否已經終結?

在現代世俗化與科學理性主導的社會氛圍中,宗教似乎已逐步退出公共理性話語的核心。然而,黑格爾的宗教哲學提供了一種更深層的觀察角度:宗教作為理念在感性與歷史中的展現,不會簡單被消除,而會以各種變形與轉化形式延續其精神功能。所謂「宗教的終結」,是表象形式的轉換與內在機能的重組。

文化形態中的宗教殘餘

即使在許多自認為世俗化的社會中,宗教依然殘留於語言、

節日、倫理規範與公共象徵之中。舉例而言，西方文化中的聖誕節、復活節、感恩節等皆已部分脫離其宗教本義，卻仍作為文化節律與倫理象徵持續存在；中文語境中，「報應」、「天命」等詞彙雖無明確宗教背景，卻承載著超驗秩序的暗示。這些現象反映宗教未被完全取代，而是轉化為文化無意識的深層結構，繼續指導人對正義、死亡與命運的理解。

藝術與哲學中的宗教再現

黑格爾曾言，藝術在浪漫階段接近其終點，部分原因正是其開始承擔宗教表現的角色。在當代表現中，許多藝術作品重新挪用宗教語彙與形式來處理存有、救贖、創傷與絕對等主題。例如比爾‧維奧拉以錄像藝術展現靈性體驗、崔西‧艾敏（Tracey Emin）以個人痛苦轉化為道德告白，皆顯示宗教不再是信仰體系，而是一種情感與價值之隱微結構。哲學亦然，不少後現代思潮如列維納斯（Emmanuel Levinas）與德希達（Jacques Derrida），皆在宗教倫理與形上學廢墟中重建主體性與他者關係。

科技時代中的超越渴望

即使在高度技術化的現代社會，人類仍持續表現出對超越性與意義的渴望。人工智慧、太空殖民、生死科技等發展，引發對「人是什麼」、「自由從何而來」的根本思索。在這些討論

7. 當代表現中的宗教殘餘與轉化

中，宗教性的思維未必明說其名，卻深藏其中。例如 transhumanism（超人類主義）運動本身，即具有「救贖」、「重生」、「永恆生命」等隱含宗教意象，只是以科技語言包裝。黑格爾式的觀點提醒我們，理念會轉化其外觀，卻不會失去其本質追求。

宗教功能的再分配：心理學與政治中的新宗教性

宗教也轉化為其他社會領域的語言結構與機制。在心理學中，榮格（Carl Jung）明確指出宗教原型在人格建構中的關鍵地位，而當代心理治療亦常援引儀式、神話與意義再建等元素。在政治實踐中，「信仰」、「使命」、「倫理責任」等措辭往往承載著形上學性的召喚。這些語彙證明宗教未被完全理性化，而是進入了更微妙的社會語法與文化技術之中。

黑格爾觀點下的現代宗教潛勢

黑格爾的宗教哲學提供我們一個診斷與引導現代宗教意識的方法：宗教不再作為封閉信仰體系運作，而是理念在文化、倫理與主體性之中持續顯現的表達方式。因此，當代表現中的宗教殘餘並非衰敗痕跡，而是理念重新尋找可感性載體的證據。真正的問題不在於宗教是否存續，而在於當代人如何重構理念，使自由、倫理與超越感得以在新形態中重新落實。

第五章　宗教的理念結構與歷史發展

結語：從殘餘走向新生的理念運動

我們若依循黑格爾的辯證視角，將發現宗教殘餘不是餘燼，而是理念的火種。當代社會雖拒絕宗教的傳統形象，卻未放棄其所蘊含的存有提問與倫理召喚。若能在語言、藝術、科技與公共倫理中重建對理念的自覺，那麼這些「殘餘」將成為理念的新表現形式，成為宗教精神在世俗時代的深層回響。

第六章
藝術與宗教在現代的緊張關係

第六章　藝術與宗教在現代的緊張關係

1. 現代性與精神表現的裂解

精神表現的歷史斷裂現象

黑格爾哲學的核心在於理念如何透過歷史實現其自身,而藝術與宗教正是理念感性顯現的兩個主要場域。然而,進入現代性之後,這兩種形式逐漸失去其原有的整體性與精神功能。藝術與宗教不再作為集體理念的載體,而呈現出內在分裂與社會邊緣化的雙重現象。這一現象並非偶然,而是理念在現代社會條件下發展所面臨的深層裂解,是「理念無所現身」的歷史困局。

理念從集體秩序退回個體感受

在古典時期與中世紀,藝術與宗教往往承擔公共倫理與精神共同體的構建任務。城市教堂、戲劇廣場、公共雕像不僅是審美物件,更是價值凝聚與倫理實踐的空間。進入現代性後,隨著民族國家、資本主義與世俗化進程,理念逐漸從公共領域退縮,轉為個體內部的心理經驗與審美反應。這種主體化固然開啟了個人自由與創造力的可能,但也造成精神價值的私有化與斷裂,使理念難以再形塑整體的歷史方向。

1. 現代性與精神表現的裂解

宗教功能的去形上學轉向

宗教在現代的命運也呈現類似裂解。一方面，傳統宗教逐步失去公共影響力，其教義被視為過時的形上學遺產；另一方面，宗教功能則以文化心理學、倫理教育等形式潛移默化地存續於社會體制中。黑格爾曾強調宗教的本質在於理念的象徵性顯現，而現代性將此象徵性削弱為制度性操作，使宗教從「絕對精神的媒介」轉為「社會整合工具」。理念的失位，也意味精神深度的喪失。

藝術作為精神形式的空洞化

同樣地，藝術在現代的發展也面臨從精神載體轉化為風格實驗與市場商品的過程。黑格爾對藝術「終結」的預測，在此顯得先見之明：當藝術不再以理念為核心，而轉向形式主義、自我展現與市場導向時，其精神功能亦逐漸削弱。當代許多藝術作品雖形式繁複，但缺乏倫理內容與理念支撐，導致觀眾無法從中獲得精神提升，而只能進行風格消費與情緒投射。藝術與宗教共同面臨一種「去理念化」的結構性危機。

現代性之內在矛盾與精神空白

現代性的本質在於自由主體的全面展開，但也伴隨著價值相對化、時間碎片化與歷史方向感的喪失。黑格爾所構想的理

第六章　藝術與宗教在現代的緊張關係

念之歷史運動,在現代性條件下遭遇了動能阻斷。這並不意味理念本身無效,而是其顯現形式需重新尋找容器。當藝術無法訴說普遍真理、宗教無法承擔倫理超越時,精神便被迫游移於各種暫時性符號與情感反應中,呈現出「理念無以現身」的歷史困境。

裂解的徵候:精神形式的失序與重組

現代性造成的精神裂解不僅是理論現象,更在各種文化徵候中表現出來。例如:

- 宗教儀式轉化為個人心理撫慰;
- 藝術創作流於博物館與藝廊的風格競賽;
- 哲學語言逐漸遠離公共話語而陷入學術圈的閉環。

這些現象顯示理念雖仍潛在於文化運動中,卻無法在既有結構中獲得整體展現。這是一種歷史轉折期的典型徵象:舊的精神形態已經崩解,新的理念形式尚未誕生。

結語:理念的未竟任務與未來可能

黑格爾的思想提供我們一個反省路徑:即便現代性導致藝術與宗教的裂解,我們仍可透過理念自身的辯證運動,理解這一裂解本身作為精神自我更新的前奏。當理念無法在現成形式

中顯現，它可能轉而尋求新的實踐地點與表達機制。這或許正是我們當代的歷史任務——不是簡單回歸傳統宗教或古典藝術，而是在現代條件中重構理念，使精神再次獲得形象、秩序與歷史性。

2. 技術時代中的藝術去神聖化現象

神聖性的轉變與消退

在黑格爾的藝術哲學中，藝術的崇高使命不僅在於美的創造，更在於作為理念之感性呈現，承擔理念與人之間的橋梁角色。在古典與浪漫藝術時期，藝術與神聖性緊密交織——神祇形象、宗教祭儀、倫理情感皆藉藝術而得以感知。然而，進入技術時代後，這種神聖性逐漸從藝術中消退，藝術不再以神為對象，也不再為精神價值而創作，而是淪為生產流程、商品機制與影像娛樂的一部分。這種轉變揭示了「藝術去神聖化」(Ent-sakralisierung der Kunst) 的文化現象。

技術中性化與感性經驗的扁平化

技術時代的藝術創作與傳播依賴電子媒介、數位平臺與大眾傳播工具，使藝術形式不再具有「獨一性」與「不可替代性」。

第六章　藝術與宗教在現代的緊張關係

正如華特・班雅明（Walter Benjamin）在〈機械複製時代的藝術作品〉中所言，藝術失去了「靈光」（Aura）——即那種歷史感與神聖場域的不可複製性。攝影、電影、數位影像雖擴大了藝術接觸面，但也使藝術作品變得可任意複製與消費，從而削弱了其精神深度與內在超越性。

從理念象徵到表演載體

在傳統藝術中，一件作品往往具有象徵性與形上學指涉，如哥德式教堂中的彩繪玻璃、宗教繪畫中的構圖比例與光線處理皆蘊含深厚的理念與精神象徵。但在技術時代，藝術更多被轉化為表演、展示與體驗的載體，其目的是吸引注意、創造流量與觸發情緒反應。這種轉變使藝術不再回應理念的召喚，而轉向市場的邏輯與觀眾的即時情緒需求，產生了對理念的「遺忘性」構造。

數位媒介與神聖性的再中性化

數位媒介作為現代藝術的主要平臺之一，其影像與聲音的即時性與重製性，使藝術作品失去了神聖場所的依附條件。觀眾不再需走入教堂或劇院，只需在手機螢幕滑動即可獲得審美刺激。在這樣的媒介條件下，藝術轉變為「影像流中的一則訊息」，喪失其原有的禮儀結構與存在厚度。神聖性的中性化不只

改變藝術內容,更改變了觀者與作品之間的存在關係:不再是敬畏與凝視,而是滑動與跳出。

創作者角色的轉化與「反靈感化」

技術時代也改變了藝術家的角色。傳統上,藝術家常被視為「靈感的接受者」與「精神的載體」,而在當代,他們更接近專業操作員、資料處理者與品牌經營者。人工智慧、演算法創作與數據導向的視覺生成,使創作不再仰賴主體內在直覺,而依賴計算、規則與預測。黑格爾曾強調藝術為精神的「自我外化」,但當創作過程被去精神化與去主體化時,藝術作品便難以承載理念的內在運動,只剩下形式上的創新與表面的觸動。

神聖與世俗之間的倫理張力消失

過去藝術常在神聖與世俗之間構築倫理緊張感,如文藝復興畫家透過聖經題材表現人性的痛苦與救贖,或浪漫音樂家以宗教動機探索存在之極限。但當代技術藝術多數轉向感官實驗、數據結構與商業模擬,其倫理張力大幅削弱。這使藝術與理念之間不再有倫理交鋒與精神掙扎,失去其作為「理念辯證現場」的本質。

結語：神聖缺席與藝術可能性的重構

儘管如此，黑格爾式的辯證觀點也提醒我們：「否定是生成的契機」。藝術神聖性的消退並非終點，而可能是理念尋找新形式的轉機。一些當代藝術家已在數位環境中重建神祕與倫理的空間，例如透過沉浸式環境裝置、記憶體空間創作與資料考古，重新喚起人對時間、死亡與存有之不可見維度的思考。這些實驗提示我們：當藝術面對去神聖化的全面挑戰時，理念仍可透過新的感性結構再次現身。

3. 現代宗教經驗的個體化傾向

宗教集體性與現代主體意識的衝突

在黑格爾對宗教的理解中，宗教從來不僅是個人內心的信仰，而是理念在倫理共同體中透過象徵、儀式與制度所達成的歷史實現。從自然宗教到藝術宗教，再到啟示宗教，宗教經驗本質上包含公共性與精神共同體的建構。然而，隨著現代性發展所帶來的個體主體意識高漲，宗教逐漸脫離公共實踐與倫理制度，轉化為個人選擇與私密經驗的場域。這一趨勢即所謂「宗教經驗的個體化」，是現代人與理念關係的一種結構性轉變。

3. 現代宗教經驗的個體化傾向

信仰從制度歸屬走向個人探索

傳統宗教的權威建構往往依賴於教義體系、教會機構與神職傳承，這些要素保證宗教經驗具備超越性的連續性與倫理普遍性。但現代人面對多元宗教與文化資訊的自由選擇，越來越難將信仰視為一種先賦身分，轉而將其理解為「自我實現過程的一部分」。信仰不再是由宗教團體所賦予，而是經由個人選擇、閱讀、冥想與靈性實踐而建構，呈現高度反身性（reflexivity）與流動性。

宗教經驗的心理學轉向

宗教的個體化也與當代心理學的深刻介入有關。自卡爾・榮格以降，宗教經驗被重新解釋為原型意象、潛意識結構與人格統整的過程。這使得宗教不再被理解為神聖秩序的回應，而是自我整合與治癒的方式。宗教符號、神話與儀式被視為心理轉化的媒介，其價值來自個體內在世界的建構，而非外在律法的承認。這種內向化與心理化導致宗教與理念的公共維度逐漸斷裂，轉向個人經驗的深度探索。

「靈性而非宗教者」的崛起與靈性模糊化

許多當代研究指出，在高度現代化與都市化社會中，越來越多的人成為所謂「靈性而非宗教者」（spiritual but not religious）。

第六章　藝術與宗教在現代的緊張關係

這類人群拒絕傳統宗教的教義與制度框架,但仍追求某種超越性與內在和諧。他們可能參與冥想、瑜伽、自然崇拜或跨文化靈修,建立一套雜揉東西哲學、心理學與生態觀念的個人靈性實踐。這種模糊與個人化的靈性傾向,既打破宗教原有的邊界,也反映出理念在現代社會無法找到穩定形式所導致的結構漂浮。

倫理共同體的消解與宗教的脫社會化

黑格爾強調宗教在倫理實踐中的關鍵地位,尤其是其作為一種建構公共精神秩序的形式。然而,在宗教個體化的過程中,這一倫理功能逐漸消退。個人信仰傾向於情感表達與心理建設,而非集體實踐與歷史責任。教會逐漸失去其公共角色,信仰行為變成一種「私領域選項」,宗教倫理難以在社會制度中持續發揮約束與召喚的功能。這樣的轉變使宗教逐漸從「共同理念之形式」轉化為「個人意義尋求工具」,理念與制度之間的斷裂愈加明顯。

結語:理念的轉化與未竟的宗教任務

儘管宗教正面臨深度個體化的轉型,黑格爾式的辯證思考仍提醒我們:理念的運動不會因此終止,而是轉向新的表現形式。當宗教無法再由制度提供精神架構時,理念將在個體主體性中尋求新的結合方式。現代人的靈性探索,若能超越主觀情

緒與自我療癒,重新進入倫理實踐與公共對話,便可能使宗教在個體化之中重建其理念向度。此一可能性,正是宗教現代化的挑戰與契機所在。

4. 大眾文化與美學的工具理性化

理念的娛樂化:從精神形象到商品影像

黑格爾對藝術的理解,根植於理念在感性中自我展現的辯證歷程。藝術並非單純再現現實或感官愉悅,而是理念進入歷史與文化的具體形式。然而,進入現代大眾文化時代後,藝術的表現形態產生重大轉向,不再指向理念或倫理真理,而是成為市場運作、情緒調節與消費驅動的商品符號。這種現象構成了美學的「工具理性」(instrumentelle Vernunft)問題:藝術不再是自由精神的展現,而被納入一套可預測、可操控的功能體系之中。

法蘭克福學派與工具理性的批判繼承

繼承黑格爾傳統的法蘭克福學派,如霍克海默(Max Horkheimer)與阿多諾(Theodor W. Adorno),指出現代文化產業(Kulturindustrie)將藝術轉化為大眾娛樂與意識形態工具,摧毀了藝術的批判性與自主性。他們認為在資本主義下,文化產品被標準

第六章　藝術與宗教在現代的緊張關係

化、生產線化與情感編碼化，其目的不是引發理念反思，而是穩定消費欲望、控制感官反應與維持現狀秩序。這正是黑格爾所稱「理念之喪失為內容」，即藝術之精神職能在制度中被消解。

藝術形式的模式化與意義扁平化

大眾文化以符號的重複、生產的速度與觀眾的即時反應為核心。電影、廣告、電視劇與流行音樂等，皆以某種「公式化」的敘事與感官設計吸引大量觀眾。在這種形式中，理念被化約為簡化的情節（如英雄與反派）、情感刺激（如催淚與高張力）與消費性象徵（如品牌與風格），藝術淪為「文化快消品」。這使得藝術作品失去了與絕對理念對話的深度，也使美學體驗轉為一種即用即棄的娛樂式存在。

觀者主體性的弱化與審美反射性下降

黑格爾強調藝術能激發主體對理念的內在反思，促使觀者與作品共構自由精神的自我實現。但在大眾文化邏輯下，觀者的角色逐漸從「思辨主體」退化為「被動接收者」。被設計好的情節、節奏與情緒曲線預設了觀者的反應，使思考空間被壓縮，審美行為淪為感官反射。這樣的文化結構不僅導致品味的貧乏，也削弱了精神自我展現的能動性，使藝術失去其教育與精神啟發的功能。

4. 大眾文化與美學的工具理性化

美學成為生產力的附屬物

在大眾文化體系中，美學不再是理念之境的通道，而成為提升效率、加強包裝與強化品牌識別的策略工具。設計、藝術與視覺元素被整合進產品開發與市場策略之中，形成所謂「美學資本主義」。美感轉化為競爭優勢，而非價值反思；設計師取代藝術家，品牌取代理念。這種工具理性使藝術走向全功能化與市場化，其存在價值不再與理念相關，而以「使用性」與「吸睛性」為核心評價標準。

媒體技術與「假真理」的製造機制

大眾文化不僅改變藝術的生產方式，也塑造了觀者對真理的理解結構。當藝術作品成為媒體事件與話題熱點，它們更接近「可傳播性」而非「理念深度」。此種機制製造出一種「擬像的真理」（Scheinwahrheit）：看似引發共鳴、實則逃避理念的符號構造。黑格爾哲學強調理念必須透過否定與辯證而非迎合與標籤實現其自身，但大眾文化之邏輯恰與此背道而馳，使真理被降格為「受歡迎的意見」。

結語：理念的殘餘與抵抗的可能性

儘管工具理性充斥於大眾文化結構之中，但理念仍可在裂縫中出現。某些藝術實踐者以大眾語言為媒介，轉化為批判、

重構與諷刺的場域,例如政治漫畫、獨立電影或社會寫實詩歌,皆可能重新激發觀者的理念自覺。黑格爾式的藝術精神提醒我們:真正的藝術不在於形式創新,而在於能否讓理念透過感性運動實現自我反思與自由。因此,即使在工具理性的壓力下,藝術仍可能是理念運動的實踐現場,等待被重新理解與召喚。

5. 藝術市場與價值的去理念化

從理念顯現到價格標籤的轉變

黑格爾在《美學講演錄》中強調藝術的核心在於其作為理念之感性呈現形式。藝術不僅是可感的形象或技術作品,更是理念藉由感性運動實現自我認知與自由的歷史舞臺。然而,在當代市場邏輯主導下,藝術作品愈來愈多地被視為資本投資、身分象徵與市場運作的標的,其價值判準從理念內容與精神深度轉向品牌認知、拍賣紀錄與投資潛力。這種轉向,即是藝術價值的「去理念化」。

價值標準的經濟邏輯入侵

在傳統觀念中,藝術的價值被認為與其表現之美、理念深度或歷史影響力密切相關;而在藝術市場中,價值的決定權轉

5. 藝術市場與價值的去理念化

移至收藏家、拍賣行與藝廊系統。藝術品成為稀缺物與資本流通工具，其定價邏輯受到市場情緒、投資趨勢與品牌營銷的全面主導。例如，同一藝術家若被特定收藏機構認可，其作品便迅速升值；而某些作品的估價，完全脫離創作理念，而建立在交易紀錄與社交資本之上。

藝術家角色的商品化與市場塑形

藝術家在當代市場機制下逐漸由理念實踐者轉為品牌經營者。他們需回應市場喜好、媒體曝光與策展制度的框架，以確保作品能在投資人眼中維持「穩定性」與「可預測性」。這不僅壓縮創作自由，也使作品的精神性讓位於符號性與再現性。藝術創作逐漸偏離其理念探索的使命，轉而為市場敘事服務，使得藝術品變成「風格化的標籤」，失去其作為理念自我辯證場域的能量。

拍賣制度與「價格即真理」的錯誤邏輯

拍賣場成為當代藝術價值決定的權力場，其運作機制極度重視話題性、稀有性與媒體影響力。一件藝術作品若創下高價，便立即被視為「偉大作品」的證明，而這種認定往往缺乏對作品理念內容的審視。藝術價值被價格數據所取代，形成一種「價格即真理」的錯誤認知，與黑格爾對藝術作為理念顯現形式的理解

形成尖銳對立。當藝術價值可被量化與投機，藝術本身作為理念媒介的尊嚴亦被削弱。

收藏與展覽的資本介入

許多大型展覽與博覽會背後，其實由私人資本、品牌聯盟與收藏基金所主導。展出的藝術作品未必因理念內容而入選，而常因市場預期與收藏趨勢而被強力推廣。藝博會、雙年展、拍賣預展逐漸成為藝術生產與評價的主要場所，使藝術與資本的關係從贊助式支持轉變為主體性支配。這種現象使「理念藝術」難以進入主流視野，而「可商品化藝術」則獲得制度化平臺的資源傾斜。

理念的剩餘與抗衡實踐

儘管市場邏輯強勢主導藝術生產，仍有不少藝術家與實踐者持續在尋求「去市場化」的藝術表達方式。他們透過社區創作、批判裝置、行動藝術與概念介入，回應當代社會問題，挑戰審美制度，重新呼喚藝術作為理念實踐場域的潛能。例如以身體、空間或時間為媒介的非物質藝術，拒絕成為可轉讓的商品，亦或以臨時性、地區性為主題的公共藝術，質疑藝術的全球市場邏輯。

結語：重構理念價值的可能出路

面對藝術價值的去理念化趨勢，黑格爾的藝術哲學仍提供強而有力的反思基礎。真正的藝術價值並不來自外在市場認可，而來自其能否在感性結構中實現理念之自我運動，帶來精神的昇華與倫理的召喚。唯有回歸藝術與理念的辯證關係，藝術才可能超越商品與流量的束縛，重新成為自由精神與歷史意識的顯現載體。這也正是藝術在當代仍能抵抗工具理性化浪潮的重要基礎。

6. 科學理性與宗教信念的衝突重構

啟蒙理性對宗教信念的歷史挑戰

自十八世紀以降，隨著啟蒙運動推崇經驗、理性與科學方法，宗教信念逐步被視為非理性的遺留產物，遭遇認識論與制度層面的雙重挑戰。科學理性以可觀察、可驗證、可重複為知識的有效標準，與宗教建立在啟示、信仰與超越性之上的知識形式產生深層衝突。這場衝突並非偶發性爭論，而是理念之於世界理解方式的一場根本對抗。黑格爾雖生於理性主義高峰期，卻以辯證法企圖調和這一裂痕，主張理念不應被簡化為科學命題，也不該固守非理性神祕。

第六章　藝術與宗教在現代的緊張關係

黑格爾對理性與信仰的辯證調和

黑格爾不贊成將科學理性與宗教信仰視為二元對立的系統。他在《宗教哲學講演錄》中指出，真正的信仰本身也包含理念的內容，而真正的理性亦不可限縮為計算邏輯。黑格爾主張理念既能內在於宗教象徵，也能透過概念發展而達致哲學體系。因此，他並不反對科學發展，而是批判「機械式理性」所造成的抽象化與去歷史化傾向。科學理性若欲成為整全精神的一部分，必須回應倫理實踐與理念深度，而非否定宗教在價值與存有面向上的角色。

經驗科學的局限與宗教思維的存續

現代自然科學雖在物理、生命與宇宙層面取得顯著進展，但其方法論無法處理目的論、倫理價值與形上學問題。黑格爾指出，科學雖可測量世界，卻無法解釋世界「為何存在」與「存在有何意義」；而宗教正是這類終極問題的傳統容器。當科學排除目的性與自由意志，只留下因果鏈條與統計機率時，人的精神便難以在此邏輯中安頓其終極關懷。這是為何，即便在最科學化的社會中，宗教信念依然以新的形式持續存在。

現代科學中的準宗教結構

當代科學發展不僅未完全取代宗教，其自身也逐漸展現出類宗教的結構。許多理論物理學假說如弦論、多重宇宙或人工

智慧的終極邏輯等,其形式與宗教信仰的象徵語言相近。科學社群對這些尚無法實證的理論所展現的信念與投入程度,與傳統宗教對神性、救贖與終末的期待構成微妙對應。這顯示,在面對宇宙與存有的極限問題時,人類傾向透過某種超越自身經驗的語言與信仰系統來處理不可知的部分,理念仍舊在現代語境中尋找其出口。

信仰個體化與理性批判的交錯張力

科學理性的發展雖促使宗教權威結構崩解,卻也將信仰推向個體化、內在化的方向。現代信仰者往往以選擇性與反思性建立其宗教觀,不再無條件服從經典與教會權威,而是試圖將信仰納入其自我建構的生命敘事。這一轉變產生出一種「被理性調節的信仰」形態,其特點是不放棄超越性的渴望,但又不願失去批判性思維。在此交錯地帶,黑格爾所提出的「理念既為信仰內容又為理性結構」的模式,提供了調和張力的重要哲學資源。

從衝突邏輯到辯證整合的可能性

黑格爾的辯證思維反對抽象對立與排他性二元結構。他認為,真正的精神發展不是選邊站,而是透過對立的自我否定,進入更高層次的綜合。在此意義上,科學理性與宗教信念的衝突不是終局,而是理念透過差異實現自身之必經階段。黑格爾

的體系要求我們不僅尊重科學的知識價值，也要正視宗教在倫理、情感與存在論上的哲學意義，兩者應於理念之中獲得更高層次的交融。

結語：當代表現中的辯證契機

在當代，我們可見宗教與科學不再是壁壘分明的系統。一些哲學家、神學家與科學家積極探索跨領域對話，例如天主教神學與宇宙論、佛教禪修與神經科學、道家思想與量子力學等領域的結合，正是理念自我調整的實例。這些現象顯示出理念仍持續透過新語言形式展現其總體性精神，而黑格爾的辯證邏輯則為我們提供了一種「非排他性思考」的可能結構，使宗教與科學不再互斥，而能作為理念運動的雙重向度。

7. 絕對精神在當代的困境與契機

黑格爾式終極概念的當代困境

在黑格爾體系中，「絕對精神」（der absolute Geist）代表理念在藝術、宗教與哲學中完成其自我認知與自由實現，是精神歷史的最終階段。它不只是理論範疇，更是文化、倫理與存有實踐的整體結構。然而，當代世界的多元性、碎片化與價值相對主義，對這一結構提出前所未有的挑戰。人類不再以單一理

念、教義或形式追求終極整合,而傾向局部實踐、臨時意義與個體自我實現。這種現象使「絕對精神」的當代表現形式陷入語言、制度與實踐的多重困境。

理念的象徵失效與辯證困頓

黑格爾認為理念必須透過感性與制度形態予以展現,藝術、宗教與哲學即是其三重通道。然而,今日的藝術已被市場吸收、宗教被個體化與心理化、哲學則退居學術體系邊緣,使絕對精神的三重表現形式無法再有效扮演理念運動的媒介角色。這使精神無法在世界中具體現身,理念雖存在於理性之中,卻失去其具象語言與倫理實踐場所。黑格爾式辯證法於此遭遇歷史條件之阻斷,理念的現實性喪失其依附,轉為抽象理想。

自由的異化:從理念到自我品牌化

現代社會高度強調個體自由與創造性,表面上似乎正體現黑格爾式自由精神的勝利。然而,這種自由往往是去關係化、去歷史化的自我經營,個體被迫作為生產者、品牌與表演者存在,自由變成了市場評價與社群資本的功能結果。這種自由是「空洞自由」──形式上具備選擇權,實質上被制度、演算法與資訊洪流所規訓。絕對精神的自由不再是倫理共同體中的理念實現,而是數位孤島中的自我投射與數據再現。

第六章　藝術與宗教在現代的緊張關係

歷史感喪失與絕對精神的時間困境

　　黑格爾的理念建構根植於歷史的辯證運動中：理念不是一時之念，而是在歷史進程中逐步展開並實現自身的結構性總體。然而當代社會普遍呈現歷史記憶的衰退與時間感的扁平化。演算法生成的時間序列、資訊即時更新的社群平臺，打破了「歷史繼承」的節奏，使絕對精神的展開邏輯難以落實於現代人生活世界中。人不再透過歷史思辨而理解自我，而是透過即時回饋與虛擬認同片段建構自我經驗，理念無所附著，時間成為零碎事件的流動鏈。

轉型中的契機：理念的隱性移轉

　　儘管絕對精神的經典形式遭遇挑戰，理念仍以更隱微的方式潛藏於各種文化與社會實踐中。一些當代跨領域行動，如人權運動、氣候正義、數位倫理、公民教育等，雖不以「理念」為名，實則包含對普遍自由、倫理責任與整體正義的訴求。這些實踐成為理念在新的歷史條件中重構其自身的實驗場域。黑格爾的哲學提供一個重要啟示：理念不死，只是形式變化；絕對精神仍在運行，只是尚未找到當代表達的穩定結構。

7. 絕對精神在當代的困境與契機

新實踐場域：當代哲學的再辯證任務

為使絕對精神重新獲得現實性，哲學必須走出封閉的概念體系，轉向與當代社會議題、科技結構與文化實踐對話。辯證法的任務不再只是理念在邏輯中的展開，而是理念如何介入歷史中的制度矛盾與倫理實踐。例如，在 AI 治理、永續發展、文化保存與教育改革等議題中，若能導入理念的整體性思維與倫理性原則，則絕對精神仍能以新的方式實現其普遍性目標。哲學不再只是學術，而是理念在行動中的自我反思與實現。

結語：絕對精神未竟之路 —— 結合、否定、重構

黑格爾的思想在當代的意義，不在於提供一套完成的體系，而在於提出一條「理念如何在歷史現實中不斷完成自己」的開放路徑。面對當代的碎片化、加速化與價值分歧，絕對精神必須經歷再一次的否定、自我批判與重構。這並非其終結，而是其歷史延續的必要條件。只要理念尚能被思索、尚能激發實踐、尚能喚起倫理感，那麼絕對精神的當代表現就仍具可能。

第六章　藝術與宗教在現代的緊張關係

第七章
教育與美感的辯證歷程

第七章　教育與美感的辯證歷程

1. 教育作為理念實現的過程

教育與理念之間的內在關聯

在黑格爾哲學體系中，教育不僅是一種傳遞知識的手段，而是理念（Idee）自我展開過程中的一個關鍵環節。黑格爾於《精神現象學》與《法哲學原理》中多次強調，個體的主觀精神，唯有透過社會制度與歷史實踐，才能達致客觀精神與絕對精神的實現；而教育，正是這一過程的媒介。教育並非外加於自然之上的技術訓練，而是讓主體超越自然狀態、進入文化與倫理世界的必要過程。

黑格爾認為，兒童並非天生即具備道德與理性，而是在教育中逐步「揚棄」（Aufhebung）其原始的本能與衝動，從而內化普遍的倫理價值，並實現自由的自我。教育的意義不只在於知識的習得，更在於心靈的陶冶、品格的形成與社群認同的建構。因此，教育應視為一種辯證的實踐：既是個體發展的手段，也是理念實現的歷史機制。

教育作為主體性養成的社會實踐

教育的過程，不單是個體由不成熟走向成熟的自然演進，更是主體性（Subjektivität）在社會實踐中的生成。對黑格爾而言，真正的主體不是孤立的個體，而是在家庭、社會與國家中

1. 教育作為理念實現的過程

獲得承認與實踐的「自我意識」(Selbstbewusstsein)。教育正是這一主體性的建構過程，它使得個體在與他者的關係中學會規範、自律與責任感。

在當代教育理論中，類似的主張可見於保羅·弗雷雷 (Paulo Freire) 的批判教育學，主張教育應促成受教者的意識覺醒，使其成為改變社會結構的主體。儘管黑格爾與弗雷雷的出發點不同，但二者皆強調教育中的「自由」不只是形式上的選擇自由，而是實質的自我建構與責任實踐。教育應當是社會化的過程，但這種社會化並非純粹的順從，而是一種透過批判、反思與認同來達成的倫理內化。

在實際操作層面，這意味著教育制度不應只著眼於考試與升學，而須設計出能促進學生自主思考、倫理判斷與公共參與的課程。臺灣近年在素養導向教育改革中的努力，正是對此哲學命題的某種回應。然而，當制度仍以「結果導向」為主，教育便可能淪為技術訓練而非理念實踐。

教育的歷史性與文化內涵

黑格爾認為教育是精神自我歷史化的方式。這裡的「歷史性」並非指單純的年代演進，而是理念在時間中的具體化。從古希臘的修辭教育、羅馬的修身課程，到中世紀教會學校的神學訓練，再到現代國民教育的普及，教育制度的變化反映出一個

第七章　教育與美感的辯證歷程

時代所理解的「人是什麼」、「社會要什麼樣的人」。這種歷史性使教育成為精神形上學（metaphysics of spirit）的具體表現。

例如，啟蒙時代強調理性、自主與進步，於是教育便強調科學與批判思考；而在現代社會，則強調多元文化、民主與環保，因而課程內容亦須反映這些價值。這些價值背後即是黑格爾所說的「理念」的歷史展開。教育不只是知識的中性傳遞機制，它深深植根於社會的制度安排與文化認同中。

臺灣教育制度的變遷同樣展現了這一歷史性特質。從日治時期的殖民教育，到戰後威權體制下的國語政策，再到 21 世紀以多語言、多文化為取向的課綱改革，教育的內涵隨著國家認同與文化理解不斷調整。每一次課綱改革，其實都是一次理念的重新定義，也是一場教育哲學的深層辯證。

教育與自由的辯證關係

在黑格爾的思想中，自由不是「為所欲為」，而是「在規範中實現自己」。這正是教育的核心目標——培養出能自律、能思辨、能參與公共事務的自由人。教育的過程不應只是訓練工具性技能，而是讓學生透過規範的理解與實踐，形成真正的自由意識。

從這角度看，教育的本質是一種倫理實踐。它在於引導個體從主觀任性邁向普遍理性，從自然衝動邁向社會責任。教育

1. 教育作為理念實現的過程

不是壓抑個體的自由,而是讓自由具備實踐可能性。這也正是黑格爾區分「抽象自由」與「具體自由」的意涵所在——後者需要制度與文化的支持,而教育正是這種支持機制的核心環節。

今日許多教育制度在評鑑與競爭邏輯主導下,已逐漸失去這種自由培養的哲學意涵。當學習被壓縮為升學考試的準備,學生的倫理意識與公共感便日益匱乏。因此,回到黑格爾的教育哲學,不只是學術上的反思,也是實踐上的呼籲:教育不該只是升學管道,而應是自由之理念的塑形場域。

結合教育與理念實踐的當代表述

在當代教育改革的脈絡中,將黑格爾的教育理念融入實踐,需面對資源分配、價值多元與社會不平等的挑戰。例如,教育如何在維護公平的同時鼓勵卓越?如何在強調多元文化的同時培養共通倫理?如何在數位化、全球化浪潮中,仍能保留教育的倫理本質與人文關懷?這些問題皆需回到「教育為何存在」的根本提問。

不少當代學者,如美國批判教育學者亨利·吉魯(Henry Giroux),皆指出教育不應僅是維繫體制運作的工具性系統,更應成為文化與民主再生的實踐力量。因此,重思教育作為理念實現的場域,應從宏觀制度設計、教學現場實作到家庭與社區的參與三者協力進行。

在臺灣，從公民課程的改革、校園多語政策，到社區大學的推展，都顯示出理念與教育之間並非遙不可及。唯有當教育的參與者能自覺於其「理念實踐者」的角色時，教育才不再只是制度的執行工具，而是推動自由理念發展的實質力量。

結語：教育的根本使命

教育在黑格爾體系中不僅是通往知識的階梯，而是精神運動中的必要關鍵。它連結主體性、自我意識、倫理實踐與社會認同，使自由不僅具形而上之意涵，更成為具體的生活實踐。在今日多元而分裂的教育場景中，回到黑格爾對教育之理念本質的理解，不僅具有理論價值，更具備制度設計與文化導向上的深刻意涵。

2. 美感經驗在德性養成中的角色

美感與倫理的交會點

黑格爾在《美學講演錄》中指出，藝術所帶來的美感經驗，並非單純的感官愉悅，而是精神藉由感性形式與理念的統一所展現的一種自我認知。他認為藝術是理念的感性顯現（sinnliche Erscheinung der Idee），因此美感經驗具有深層的哲學意涵，引

導主體透過形式進入真理之境。在某些歷史階段,特別是古典藝術中,這種經驗與倫理秩序(Sittlichkeit)之間確實存在緊密連結。

在黑格爾體系中,道德與德性(Tugend)並不是抽象命令的遵從,而是理念在主體行動中的內化實現。若德性要成為一種真正的自由實踐,它必須結合直觀的感受、文化的形式與理念的指導。美感經驗恰恰提供了這樣的橋梁:透過藝術作品,主體不僅被感動,也在審美判斷中進行價值思辨。從這個角度而言,藝術教育與德性教育並非兩條平行的軸線,而是交會於美感經驗中的辯證展開。

審美經驗與倫理情感的生成

當我們觀賞一幅畫作、聆聽一段音樂或閱讀一篇文學作品時,所經歷的不只是形式與技法的理解,更是情感與價值的激盪。例如,在面對法蘭西斯·培根的肖像畫時,觀者可能感受到人性的脆弱與暴力的陰影;這種審美經驗能引發內在的道德震動,進而導向倫理反省。黑格爾認為,藝術能將原初的情感(Empfindung)透過感性形式昇華為理念的顯現,使其不再只是主觀情緒,而成為具有精神性與倫理意涵的表現。這種形式轉化,使藝術在特定歷史階段得以承載倫理秩序的象徵與情感力量。

第七章　教育與美感的辯證歷程

當代政治哲學家瑪莎‧努斯鮑姆（Martha C. Nussbaum）亦指出，文學與藝術可作為道德情感教育的重要媒介。她在《詩性正義》(*Poetic Justice*) 中強調，小說與戲劇能培養人對他人處境的想像與同理，從而擴大倫理感知的範疇。這種審美參與，是德性養成的核心訓練之一。

實際而言，教育中若缺乏審美刺激與藝術參與，學生的情感層次容易貧乏，道德判斷也可能僵化。美感經驗提供了一種非命令式的倫理教育方式，它不透過懲罰或規範，而是藉由感動與形象引導內在反思，進而實現價值的自我內化。

臺灣教育現今的審美困境

儘管臺灣教育體制近年積極推動美感教育，如美感細胞計畫、藝術進校園等計畫逐步展開，但整體而言，美感經驗在主流課程中的位置依然邊緣化。美術與音樂課多數被視為「非主科」，常因升學壓力而被犧牲或簡化。這使得學生缺乏穩定且深刻的審美培養機會，也削弱了教育對德性養成的潛在功能。

舉例來說，在某些偏鄉中小學，即使師資專業，礙於經費與資源，美術課只能以填鴨式畫圖、手工藝製作為主，缺乏對藝術語言與作品詮釋的深度探討。學生對於情感表達與倫理思辨的經驗多為表面，無法發展出穩定的審美判斷力。這種狀況不只影響美育，也反映出整體教育價值觀的功能性導向：將教

2. 美感經驗在德性養成中的角色

育視為技術培訓，而非全人養成。

黑格爾所強調的「感性與理念的統一」，正提醒我們，教育不應割裂感性與理性、美感與道德，而應尋求二者的交融與互動。若德性教育僅止於「品格講座」或「道德教條」，卻缺乏審美基礎的情感參與，那麼其道德感將淪為空泛或僵化。

藝術作為德性教育的媒介

將藝術納入德性教育，應不只是增加表演課程或美術展演，而是要在課程設計上將藝術作品作為倫理對話的起點。例如，導入電影中的道德困境進行討論，或藉由詩歌探索人性與社會正義問題。這樣的設計不僅深化學生對作品的理解，也培養其對價值的感知與辯證能力。

在國際教育實踐中，芬蘭即是一個重視美感經驗與德性培養結合的典範。其教育系統強調「主題式教學」與「情感教育」，藝術課並非被視為獨立的裝飾，而是穿插於歷史、公民乃至數學課中，透過繪畫、音樂或戲劇手法強化學生的倫理判斷與社會意識。這種整合性的美感教育方式，實現了黑格爾所追求的理念與感性統一目標。

臺灣若能從此觀點出發，在課綱中推動美感與倫理的融合式課程，將不僅提升學生的文化素養，更可強化其公共意識與責任感，使德性成為活生生的日常實踐，而非紙上規範。

第七章　教育與美感的辯證歷程

美感經驗與自由人格的塑形

美感經驗之所以關鍵,在於它為德性提供了一個「自由的場域」。黑格爾認為,真正的自由來自主體對理念的自我認知與實踐,而藝術則是理念在具體感性中最充分的展現。透過藝術的經驗,個體能在非命令的氛圍中自由思索、感受與反省,這種自由感是道德實踐的心理前提。

若一個社會重視美感經驗的養成,則其公民更可能具備道德敏感性與倫理判斷力。從小習慣在藝術中反思生命與價值的學生,將來在面對社會抉擇時,也會更有勇氣提出批判與建言,成為真正的民主公民。

黑格爾式的德性,不只是行為上的正確,而是內在自由的展現;而這種自由的德性,唯有在美感經驗中孕育的情感深度與理念高度結合處,方能真正萌芽與實現。

結語:德性養成的美感根基

美感經驗並非教育的裝飾性附屬,而是德性養成的深層根基。在黑格爾的哲學視野下,德性不是抽象規範的服從,而是理念在主體中的自由實現。唯有透過感性與理念的融合,德性才能被內化、被體驗、被實踐。現代教育若要重建倫理信念,必須從美感經驗出發,使教育成為自由精神的共鳴場域。

3. 黑格爾對藝術教育的哲學視角

藝術教育作為理念與感性的結合

在黑格爾的哲學體系中,藝術從來不是附屬於宗教或哲學的低階表現,而是理念在感性中實現的必要環節。尤其在其《美學講演錄》中,黑格爾明確指出藝術教育的本質,不僅在於技巧的傳授,更在於引導主體經由感性形式理解理念的過程。藝術教育因此成為感性與理念結合的教育實踐場域,是讓個體經由具體的創造活動參與理念運動的重要方式。

對黑格爾而言,藝術與教育的交會並非偶然。在其精神哲學系統中,精神的發展從主觀到客觀,最終達到絕對精神的境界,而藝術正是這一過程的前哨站。藝術使得抽象的理念轉化為可被經驗與理解的形象(Gestalt),從而激發人的內在自我認知。因此,藝術教育的真正價值在於培養學生從感性中提煉理念、從形式中體悟內容的能力,這正是自由精神的第一步。

在這樣的框架下,藝術教育不能僅被視為「技能培養」或「情緒抒發」,而應被理解為精神自身運動的教育實踐。藝術教育是哲學的延伸,而非其替代品,它以感性為橋梁,連結主體與理念,使教育不只是知識的灌輸,更是自由精神的生成。

第七章　教育與美感的辯證歷程

藝術教育與精神發展的三階段

黑格爾在論述藝術的發展歷程時，曾提出藝術的三種基本形態：象徵藝術、古典藝術與浪漫藝術。這三種形態不僅反映藝術自身的發展，也象徵著精神從外在形式逐步回歸內在自由的過程。這一理論架構亦可應用於藝術教育的實踐規劃上。

在象徵藝術階段，藝術形式尚未能完全展現理念，表現多為誇張或不對稱，類似孩童初學繪畫的狀態。此時，藝術教育應強調感官與材料的探索，讓學生熟悉媒材、釋放想像，奠定創作的基礎。而在古典藝術階段，形式與理念達成和諧，如希臘雕塑中的理想人體表現。這一階段對應的是藝術教育中的技術訓練與風格養成，使學生掌握形式美的規律與結構。

最終，在浪漫藝術階段，內在精神的情感凌駕於外在形式之上，藝術不再僅是形式之美的呈現，而是情感與靈魂的表達。這是藝術教育中最難也最深刻的層次：引導學生發展個人的美感意識與思想主體性，使其作品不僅精美，更能傳遞價值與信念。這三階段不單是歷史分類，也可作為藝術教育的發展目標與路徑指引。

透過這樣的階段式進程，藝術教育得以結合技巧訓練、形式理解與精神表達，從而實現黑格爾所說的「理念在感性中的真實顯現」。

3. 黑格爾對藝術教育的哲學視角

教學實踐中的黑格爾式藝術觀

在實務教育場域中，黑格爾對藝術教育的哲學視角提供了豐富的啟發。以臺灣某些高中藝術課程為例，當教師僅要求學生臨摹畫作、學習素描技法時，學生的藝術經驗多停留在模仿層次，缺乏理念的參與與批判意識的養成。但若能導入作品背後的歷史語境、創作者的理念意圖，並引導學生思考「為何這樣創作？對社會有何意義？」則藝術課便可轉化為哲學思考的啟動器。

例如，在教授達米恩・赫斯特（Damien Hirst）作品〈生者對死者無動於衷〉時，教師若能引導學生探討生命意義、死亡觀念與當代藝術的市場化現象，便能從形式出發走入精神，使學生在審美中思辨，在創作中批判。這種結合黑格爾式思維的藝術教育，不僅提升學生的美感認知，更促進其價值判斷與公共意識的形成。

黑格爾的藝術觀強調「形式」並非裝飾，而是理念之容器。這一點對藝術教育尤為關鍵：學生不僅需掌握技法，更需理解形式為何如此、其背後的精神訴求為何。透過這樣的教學設計，藝術教育得以跳脫技術中心論，回歸理念主體論。

第七章　教育與美感的辯證歷程

藝術教育與社會批判意識的培養

在當代社會中，藝術教育若缺乏哲學深度與批判意識，將難以應對市場導向與工具性價值觀的壓力。黑格爾的藝術教育觀點提醒我們，藝術之所以重要，不在於它是否有用，而在於它能否啟動精神的自由運動。這種自由，不是逃避現實的浪漫，而是能批判現實、提出可能性的想像。

結合此精神，藝術教育應鼓勵學生透過創作回應社會問題，培養其對不公義、歧視、環境等議題的敏感度。這不僅是美感教育的延伸，也是公民教育的深化。例如，引導學生以攝影記錄社區變遷、以詩歌書寫移工處境，都是將藝術作為倫理實踐的具體方式。

在此意義下，藝術教育不僅是形象創造，更是理念實踐，是將自由、正義、美善等抽象理念透過感性形式實體化的過程。這種理念的可見性，正是黑格爾哲學最深層的藝術教育貢獻。

當代藝術教育改革的哲學定位

在當代教育改革中，黑格爾對藝術教育的哲學視角具有不可或缺的導引作用。當許多課綱將藝術科目視為「輔助性學習」時，我們更需回到哲學根源，理解藝術教育的真正價值與意義。藝術教育不僅是創造力的培養，更是理念實踐與精神建構的教育策略。

3. 黑格爾對藝術教育的哲學視角

近年臺灣教育部推動「藝術涵養與創造力」核心素養，雖有積極嘗試，但多數學校仍面臨課時不足、師資斷層與升學導向等結構性問題。若缺乏哲學性引導與整體理念支撐，藝術教育易流於形式主義或娛樂化。

黑格爾的藝術教育觀提供一種中介架構，協助我們從根本思考：藝術教育不應只為了創作商品或展演競賽而存在，而是應為精神自由、社會批判與理念實踐而展開。這樣的觀點若能滲透於政策、課程與教學現場，將有助於建立更具深度與廣度的藝術教育生態。

結語：藝術教育的哲學實踐

在黑格爾的體系中，藝術教育不僅是感官訓練的延伸，更是理念在感性中具現的哲學實踐。藝術教育提供學生認識自我、理解社會與探索價值的場域，使自由精神不僅能被思考，更能被創作。在當代教育轉型的路口，回到黑格爾的哲學視角，將藝術教育重新定位為理念實踐的核心工程，乃是我們不容錯過的教育契機。

第七章　教育與美感的辯證歷程

4. 現代教育制度中的審美缺席

技術理性主導下的教育變貌

進入二十一世紀，全球教育制度愈加受到效率化、標準化與績效評鑑的主導，形成由技術理性（technische Vernunft）所構築的主流架構。這種理性取向源自現代性進程中對控制與可預測性的執迷，導致教育逐步從全人發展的理念退化為工具性知識的傳遞機制。在此脈絡下，審美教育被邊緣化，藝術與人文領域淪為非主流科目，成為「有餘時間才做」的附屬性活動。

黑格爾早已在《法哲學原理》中指出，當社會過度依賴形式規範與抽象原則時，精神就會與生活經驗脫節，進而喪失其感性基礎與倫理厚度。教育作為社會理念的實踐系統，自然也受到這種「抽象化傾向」的影響，使得學生的學習內容逐漸遠離情感、形象與美感經驗。這並非偶然，而是資本邏輯滲入教育制度的結果，使教育目的從「人之培養」轉向「產能之增強」。

這種現象在臺灣教育場域尤為明顯。大多數國高中將學科區分為主科與副科，美術與音樂常位居後者，甚至在升學壓力下被大量削減課時。這不僅剝奪了學生發展感性能力的機會，更使審美經驗無法進入其人格形成歷程，造成倫理與美感斷裂的現象。

4. 現代教育制度中的審美缺席

審美教育的制度性剝奪

現代教育制度中的審美缺席並非單一課程層次的問題，而是整體制度設計中對「感性之價值」的系統性忽視。當課綱編排、師資資源與考試制度皆圍繞認知能力與邏輯思維建構時，美感相關課程即被視為「無效益」而被犧牲。這不只是資源分配的偏頗，更是一種價值排序的體現：感性在理性面前被降格，內容在形式面前被忽視，創造力在再現力面前被排除。

正如法國哲學家盧梭（Jean-Jacques Rousseau）於《愛彌兒》（*Émile*）中所強調，真正的教育不應只是知識的灌輸，更應致力於養成人的情感與判斷力。他警告，若忽視這一面向，將可能培育出外表文明、內在卻缺乏德性的現代野蠻人。在黑格爾的視野下，若理念無法透過感性形式具體化，則理念將無以為基、無以為動，教育也將淪為純形式的技巧訓練。

臺灣在108課綱實施後雖推動「核心素養」觀念，強調藝術涵養與創造力，但在具體落實上卻面臨許多困境。多數學校受限於師資不足與升學導向，無法真正落實跨領域、情感導向的課程設計，使得審美教育在現實中仍屬「象徵性配置」，缺乏真正融入學生生活世界的力量。

第七章　教育與美感的辯證歷程

教育結構與美感疏離的社會根源

審美缺席不僅是教育內部的問題，更與整體社會文化結構有關。在一個高度競爭與功利主義導向的社會中，美感被視為奢侈、不具產值之物。學生自幼即被灌輸「有用才學」、「分數第一」的價值觀，使其缺乏對藝術、詩歌、音樂等非功利性學科的情感依附與內在認同。這種價值趨勢，逐漸構成一種「感性壓抑」的社會氛圍。

黑格爾在其歷史哲學中曾指出，社會若缺乏對理念的感性實踐，終將陷入形式主義與工具理性支配之下，導致倫理的空洞化與精神的疲乏。而教育正是改變此一結構的重要場域，唯有透過重新整合美感經驗與教育制度，才能恢復精神的完整性。

以臺灣為例，許多國中小的藝術空間設計仍以「功能性」為主，缺乏激發審美想像的氛圍。學生日常接觸到的藝術多為比賽取向的作品，缺乏對藝術作為生命形式之理解。這種「制度性疏離」不僅削弱了藝術教育的精神，也使整體教育缺乏深度與靈魂。

國際經驗與教育轉型的可能路徑

儘管現代教育制度中充滿審美缺席的危機，但仍有許多國家透過政策創新與文化變革，嘗試扭轉這一趨勢。例如，丹麥與瑞典的教育制度強調「全人發展」，將藝術課列為國民教育

之核心科目,並設置藝術專責教師團隊,確保審美教學能與語文、數理同等對待。在這些國家,藝術課不只是繪畫或表演,而是融入生活與哲學的探究,激發學生對世界的感性理解與批判性思維。

日本的「感性教育」改革則更具文化深度。自1990年代起,日本文部科學省推動「生活感覺」課程,鼓勵學生觀察日常、書寫自然、品味藝術,以培養其感性觸覺與審美判斷力。此種做法強調教育不僅是學術成就的提升,更是人格整體的發展。這些國際經驗提醒我們,審美教育不僅可以融入主流課程,更應成為教育改革的核心策略之一。

對臺灣而言,若能從政策面重新配置教育資源,強化師資培育,並在課程設計中明確建立美感與價值教育的連結,將有助於突破當前審美缺席的困境。唯有如此,教育才能從工具性訓練重返理念實踐,恢復其培養自由精神的本質。

黑格爾視角下的審美回歸教育核心

在黑格爾的哲學框架中,美感經驗乃是理念感性化的必要形式,審美教育因此具有深層的哲學意義。教育若無審美,則理念將無從展現,自由也無所落實。今日教育若要擺脫技術理性的主導,就必須重建審美在教育中的地位,使學生在學習中能不僅思考、理解,更能感受與創造。

第七章　教育與美感的辯證歷程

　　這並非一種浪漫訴求，而是教育作為理念實踐的本體要求。在沒有感性經驗支撐的教育中，知識將成為抽象符號，倫理將失去情感根基，自由精神則無以成形。重建審美教育，不是為了培養藝術家，而是為了培養能夠感受世界、反思現實與實踐理念的完整人。

　　黑格爾對審美的重視，不僅為藝術教育提供了形上學的正當性，也為整體教育制度指出了改革方向。在此基礎上，若能以審美為核心重構課程結構、師資訓練與教學評鑑體系，現代教育便有可能重新與自由理念連結，成為推動社會倫理與文化深度的關鍵動力。

結語：審美的缺席與教育的失根

　　當現代教育制度逐漸被技術理性主導，審美經驗被排除在課程與制度邊緣，美感的缺席不僅是藝術課程的損失，更是教育理念與精神深度的喪失。若欲重建教育的根本意義，審美必須重新成為理念實現的重要向度。正如黑格爾所揭示，教育之所以是自由精神的塑形過程，正因它不僅傳遞知識，也形塑心靈，而心靈的完整性，始終依賴於審美之光的照耀。

5. 宗教教育與世俗化的互動歷程

黑格爾論宗教教育的哲學基礎

在黑格爾的哲學體系中，宗教與教育並非兩個彼此分離的社會領域，而是理念實現過程中彼此交織的兩條主軸。宗教作為理念的「表象」（Vorstellung），提供人們以象徵與形象方式接觸真理的途徑；而教育則是理念在個體中具體化的歷程。宗教教育，便是這兩者的匯合點：它以神聖、倫理、歷史等內容引導學生進入精神的世界，使其不僅成為知識的載體，更是價值的承擔者。

在《宗教哲學講演錄》中，黑格爾強調宗教教育的終極目標，不是讓學生學會某套教義或儀式，而是讓其意識到理念與自身生活之間的連結。對他而言，宗教若缺乏教育性的引導，將淪為迷信；而教育若排除宗教的價值維度，也將流於形式與工具性。這種互補關係，在現代社會受到世俗化浪潮衝擊而出現斷裂，構成今日教育與宗教互動的張力來源。

宗教教育的真正意涵，並不在於宗派的再製，而是理念的形象化與倫理自覺的內化。這種教育，不必等同於宗教學校或特定信仰的灌輸，而是一種透過宗教經驗、倫理想像與價值反思所實現的精神培養歷程。

第七章　教育與美感的辯證歷程

世俗化與宗教教育的歷史張力

自啟蒙時代以降，隨著理性主義與自然科學的興起，西方社會逐步朝向世俗化（Säkularisierung）發展，宗教不再居於公共生活的核心位置。教育體系也因此逐漸轉向非宗教化，其核心轉化可總結為：從神聖指令轉向理性討論，從神學知識轉向世俗知識，從倫理服從轉向批判思辨。這種轉向雖帶來民主與自由的提升，卻也引發一種「價值空洞」的焦慮——教育失去形上學支持，倫理失去終極依據。

黑格爾對此有深刻洞見。他認為宗教不僅是文化傳統的載體，更是倫理實踐與理念生成的源頭。在沒有宗教作為精神支持的情況下，現代社會可能陷入形式自由而無實質精神的狀態。他強調宗教之所以重要，不在其教義細節，而在其作為普遍精神生活之展現的能力。

當代社會中宗教教育與世俗化的關係不再是簡單的對立，而是一種動態交涉的關係。在公共教育體系中，宗教不再是主導內容，但它依然存在於課綱、課外活動、文化節慶與倫理課程之中。世俗教育與宗教價值之間的互動，呈現出一種「去中心化」的宗教教育形式，即不依賴單一宗派或信仰框架，而是在文化、歷史與倫理的維度中保留宗教的思想資源。

臺灣宗教教育的制度變遷與文化特徵

臺灣的宗教教育經歷了多重轉變,反映出世俗化與多元文化之間的張力與共構。在戒嚴時期,儒家倫理與國家意識形態深度結合,學校教育中融合了傳統孝悌觀與國民道德。然而自 1990 年代教育改革以來,臺灣逐步走向多元主義,教育體系中對宗教的處理方式也相應轉變。儘管憲法明訂政教分離,許多學校仍會透過節慶活動、宗教藝術欣賞等方式引入宗教文化。

舉例來說,在某些地區國中小中,教師可能會藉由講解觀音信仰、媽祖文化或基督教聖誕節的故事,引導學生了解不同宗教價值觀與倫理內涵,藉此培養文化理解與尊重差異的態度。這種「文化式宗教教育」將宗教視為人類文明之重要構成,讓學生從歷史與人文脈絡理解信仰的社會功能與精神價值。

然而,這種模式仍面臨挑戰。部分家長擔心宗教介入公共教育,對宗教議題過度敏感,使得教師難以自由發揮。同時,課程設計缺乏系統性,也使宗教教育容易流於表面文化介紹,未能深入探討宗教與倫理、政治、藝術之間的深層關係。

宗教作為審美與倫理教育的資源

回到黑格爾的觀點,宗教不僅是一種信仰系統,更是一種美感經驗與倫理體悟的總合。他強調,宗教象徵與儀式不只是文化活動,而是理念透過感性形式進入主體意識的歷程。因

此,宗教教育若能從此出發,將不只是信仰灌輸,而是倫理自覺與價值反思的教育場域。

例如,引導學生分析佛教的「空」與基督教的「愛」在倫理實踐上的異同,或比較不同宗教對生死、時間、苦難的詮釋,將使學生在跨文化比較中培養反思能力與道德想像力。宗教也可作為藝術教育的重要資源,透過聖歌、壁畫、祭典等形式,讓學生接觸理念與感性之交會點,達到黑格爾所說的理念之感性顯現。

許多當代教育學者也呼籲,應重新審視宗教與精神性實踐在教育中的潛在價值。美國哲學家內爾・諾丁斯(Nel Noddings)指出,關懷倫理(ethic of care)的建立有賴於情感的深度與同理的養成,而某些靜觀、祈禱或儀式性實踐,也可能成為培養感知力與內在專注的途徑。這些活動雖非教義性的宗教教育,卻能深化學生對他者與世界的感受能力。

宗教教育在世俗社會中的未來想像

當代宗教教育的核心挑戰不在於「是否該存在」,而在於「如何存在」。黑格爾的思想為我們提供了兩項啟示:第一,教育需關照精神整體,而非僅限於工具性技能訓練;第二,宗教作為理念的象徵形式,其教育價值遠超過其信仰本身。教育制度應發展出能容納宗教倫理、文化與藝術的綜合性課程設計,使

學生不以宗派身分進入學習,而以理念探問者的姿態參與精神對話。

國際上如英國與荷蘭等國已將「宗教與世界觀教育」納入國民基本課程,內容涵蓋各大宗教傳統與當代倫理議題,旨在培養學生的價值辨識與文化理解。這種「非信仰導向」的宗教教育,能保留宗教對倫理與審美的貢獻,又不致侵犯個人信仰自由,展現出黑格爾式教育精神的現代化實踐。

對臺灣而言,或可思考設置「價值與文化」模組式課程,納入宗教、哲學、藝術與倫理,透過跨領域整合方式,讓學生理解不同信仰對世界的詮釋,培養其思想深度與社會責任感。這樣的設計,將使宗教教育不再成為政教分離的爭議對象,而成為理念與感性得以交會的精神舞臺。

結語:宗教教育的當代理解

宗教教育在黑格爾體系中不只是信仰的延伸,而是理念透過感性形式進入精神世界的重要通道。世俗化社會不應將宗教排除於教育之外,而應重新思考其在倫理、藝術與文化教育中的可能性。當教育願意承認宗教不只是制度或儀式,而是人類精神生活的總體表現時,宗教教育才能在理念與文化之間,扮演引導個體邁向自由與自覺的橋梁。

第七章　教育與美感的辯證歷程

6. 藝術與教育在公共空間的再連結

從理念視角理解公共空間的教育功能

在黑格爾哲學體系中，理念不只是抽象存在，而是透過現實形式實現於世界的力量。其中，「公共性」(Öffentlichkeit) 便是理念展現其普遍性與倫理實踐的主要場域。教育與藝術若只限於課堂或展覽廳，便無法充分達成其公共性，唯有透過嵌入城市空間與日常生活，它們才能成為公共倫理、集體價值與自由精神之承載者。

公共空間不只是建築與地景的總和，它是社會互動的舞臺、政治發言的場域，更是理念具體化的文化場景。黑格爾在《法哲學原理》中指出，倫理秩序 (Sittlichkeit) 的實現不在孤立的個體中，而在具體社群與制度結構中完成。因此，藝術與教育的價值，若不能進入公共空間，便無法達成對集體生活的深層轉化。

當代社會中，公共空間已從傳統市場與廣場，轉變為購物中心、地鐵站與數位平臺。在此變遷中，藝術與教育若不能重新定位其在公共空間中的角色，便可能徹底失去與市民精神生活的連結。黑格爾的理念哲學提醒我們：理念不是遠離世界的空談，而是嵌入制度與空間中展現其自由實現。因此，藝術與教育必須重新進入公共空間，並在其中生成對話、思辨與想像。

6. 藝術與教育在公共空間的再連結

公共藝術作為審美教育的轉化機制

公共藝術是藝術與教育重新進入公共空間的重要形式之一。它將審美經驗由展覽館移出，走入市民日常生活，使藝術不再只是被觀看的對象，而是引發參與與思索的媒介。這種藝術形式正好體現黑格爾所強調的理念「在世界中展現自己」的精神。透過雕塑、壁畫、裝置或聲音設計，藝術作品不僅美化城市環境，更可能挑戰主流價值、激發倫理辯證、重構集體記憶。

臺灣新北市平溪區的十分國民小學結合地方文化、藝術創作與社區參與，成為社區藝術與公民教育的結合平臺。學生在此學習手作、參與戲劇創作，並與地方居民共同策劃藝術節，建立審美經驗與公共參與的連動關係。這種模式正說明：當教育與藝術能夠在公共空間中實踐，它們所培養的不只是技能，而是對倫理、社會與自由的感知與實踐能力。

教育空間的開放性與市民精神的養成

傳統學校教育多局限於封閉式課室，而忽略空間本身具有教化力量。黑格爾指出，精神之所以得以展現，乃因其能在對立中實現統一。教育空間若無對外開放、無與社會對話的機制，便成為封閉知識體制的再製場所，無法產生公共倫理意識。相對而言，開放式的教育空間設計，將知識、藝術與生活交織一體，便可成為自由精神的培養場。

第七章　教育與美感的辯證歷程

　　如芬蘭的赫爾辛基「奧迪中央圖書館」(Oodi)，不僅是閱讀場域，更結合工作坊、影像製作、展覽與社群討論等功能，提供市民多元參與的機會。學生與市民能於此相遇、學習與合作，這不僅是社區空間的更新，也是教育空間理念的重塑。其設計強調透明、流動與可變性，體現了對知識與創造力的民主化理念。

　　臺灣亦有類似實踐，例如臺南的「南科實驗中學」將校園設計為社區共學空間，鼓勵藝術融入走廊、圖書館與戶外區域。學校定期舉辦藝術展覽與公開對話論壇，並與在地藝術家合作，舉辦手作工作坊，促進學生與社區的互動與學習。此種教育空間設計體現了教育與公共性的結合，培養學生的審美感與公共責任感。

數位公共空間的興起與挑戰

　　當代社會公共空間的樣貌不僅存在於實體場域，亦逐步擴展至數位平臺。黑格爾雖無法直接預見網路與數位空間的發展，但若依其哲學精神觀之，數位公共空間亦可視為理念實現之新場域。然而，此一空間同時也帶來藝術與教育公共性的新挑戰。社群媒體的資訊碎片化、演算法強化回音室效應，可能讓公共討論失焦，並使藝術淪為視覺刺激或符號消費。

　　然而，若能善用此空間，其潛力亦不可小覷。臺灣亦有類

6. 藝術與教育在公共空間的再連結

似的實踐，例如 2022 年新一代設計展首次全面採用虛擬展間平臺，讓學生自行打造 3D 沉浸式展覽空間，觀眾可以在線上觀展、留言、投票，實現了數位化的民主參與與審美教育。這類實驗性模式說明：即便公共空間型態轉變，只要藝術與教育仍保持理念導向，便可在新的形式中延續其社會功能與倫理意涵。

　　黑格爾的觀點提醒我們，不論形式如何轉變，理念的實現總需依附於感性與結構。因此，數位公共空間中的藝術與教育亦需制度設計、平臺倫理與創作自由的保障，否則將淪為市場導向與注意力經濟的奴僕。

從審美參與邁向公共實踐

　　當藝術與教育重新進入公共空間，它們不只是形式的布置或內容的安排，更是理念的實踐與公共性的重建。黑格爾強調精神的實現須透過倫理實踐與制度架構，因此藝術與教育之間若無結構支撐，其公共意義將難以持久。

　　在此基礎上，政策制定者與教育者需思考如何制度化藝術與教育在公共空間中的結合。例如，設立城市藝術總監制度、配置校園開放藝文預算、鼓勵師資跨領域合作等，皆是將教育轉化為公共實踐的具體作法。此外，社區組織與在地文化機構亦可成為公共教育的延伸，使市民在生活中自然參與美感經驗與倫理思辨。

第七章　教育與美感的辯證歷程

　　從城市藝術節到校園公共藝術，從在地策展到街頭劇場，當藝術與教育能在公共空間中交會並生成對話與行動時，黑格爾所言之「理念在感性形式中的展現」便得以實現。而這種展現，不只是對理念的象徵，更是對自由精神與公共倫理的具體呼喚。

結語：理念在空間中的具體實現

　　藝術與教育唯有進入公共空間，才能真正實現其倫理價值與社會功能。黑格爾的理念哲學強調自由精神需透過具體形式與制度實現，而公共空間正是此種實現的舞臺。當教育與藝術不再自我封閉，而能在市民日常中發聲、對話、創作與批判，理念便不再是抽象的理想，而成為公共生活中活生生的力量。

7. 教化的未來：從知識到精神養成

黑格爾對教化的本質理解

　　在黑格爾的教育哲學中，「教化」（Bildung）一詞具有根本性的地位。不同於單純的學習或知識吸收，教化是理念（Idee）在個體意識中實現的過程，是一種包含理性、倫理、美感與自我認知的整體轉化。於《精神現象學》中，黑格爾強調，個體藉由

7. 教化的未來：從知識到精神養成

與他者、社會與制度的互動而從原初的主觀性中昇華，達成真正的主體性（Subjektivität）。教化因此是從自然走向精神、從本能走向理念的必要歷程。

此一觀點意謂著教育的終極目標，不應僅限於知識傳遞或技能培訓，而是應指向精神的自我實現與倫理人格的養成。教化是自由的形上學過程，它不只是功能性的提升，更是存在方式的深化。當代教育若僅關注學科成績與升學成果，將無法觸及教化之真正意涵，甚至可能製造一群知識充沛卻倫理貧乏的技術人員。

黑格爾指出，真正的教化不僅是將「外在世界內化為主體的內容」，更是將「主體的形式轉化為理念的形狀」。這代表一種從「學會求知」走向「學會成為」的轉變。在此哲學光譜下，教育的未來應從知識管理轉向精神培力，從工具理性邏輯重返倫理與審美的深度結構。

知識主義的極限與精神教育的必要

當今全球教育發展深受新自由主義與績效導向的影響，知識被量化為標準化測驗與分數，教育成為資源競逐的場域。這種知識中心主義（epistemocentrism）體系雖提升了學術能力，卻導致價值判斷與倫理省思的空洞化。黑格爾所強調的教化，在這一體系中逐漸被邊緣化，成為「非核心能力」而被忽視。

第七章 教育與美感的辯證歷程

例如，臺灣高中與大學端雖普遍設置「公民與社會」、「哲學思考」等通識課程，但在升學與就業導向的制度壓力下，學生往往缺乏投入動機與反思深度，使得課程淪為知識傳授的變形，難以激發真正的精神轉化與價值內省。教化的功能因此未能真正發揮，教育也無法承擔文化再生與道德實踐的社會任務。

對黑格爾而言，精神的成長並非自然進化的結果，而是意識不斷揚棄其有限性、在對立中尋找統一的歷史實踐。這種實踐不能僅靠填鴨式的學習模式完成，而必須透過倫理辯證、美感參與與公共討論的場域建構，方能實現真正的教化。若教育無法引導個體意識經歷這種歷史性過程，則所謂的「學習」將只剩形式，而喪失其作為精神鍛鍊的根本意義。

教化的當代表現與制度設計挑戰

即使在數位化與全球化浪潮席捲之下，教化並未消失，而是轉化為更複雜與多樣的型態。例如，自媒體創作、社群參與與文化實踐逐漸取代單一知識學習，成為新一代年輕人的精神養成場域。然而，這些新型態的參與經常缺乏結構化指導與倫理規範，使其容易流於即興表現與情緒消費。

若以黑格爾的教化哲學為基礎，當代教育制度應發展出一種能結合自由創造與理性反思的教學設計。具體而言，課程設計應打破學科壁壘，強化跨領域思辨、生命倫理、藝術鑑賞與

社會實踐等元素,使學生能在實際行動中內化理念。例如,一項結合文學閱讀、戲劇創作與公民論壇的跨課程設計,能讓學生在審美與思辨中理解自由與責任的辯證關係,進一步養成黑格爾所說的「具體自由」意識。

制度面上,教育政策亦須考慮如何為精神養成提供穩定支撐。這包括增加藝術與人文課程在學科結構中的比重、設立反思與公共參與機制、重視校園內倫理討論與創作表達空間。更重要的,是在教育評鑑與升學制度中納入非知識性成果的價值評估,賦予精神教育實質地位。否則,再多的理念倡議都將無法抵抗體制性知識中心主義的壓力。

教化與自我:重思教育的終極目的

教化最終指向的不是社會角色的訓練,而是主體的自我形成(Selbstbildung)。黑格爾認為,教育的目的在於讓個體不只是成為他「是什麼」,而是成為他「應當成為的存在」。這種「應當」(Sollen)不是抽象的道德命令,而是理念對主體的實現要求——讓人在與倫理秩序互動的歷程中,具體完成其自由與理性的潛能。教化便是這種召喚的回應,是個體從偶然性的經驗中提煉出普遍性、並以此普遍性重構自我生活的歷程。

當代心理學與教育哲學亦不乏類似觀點。例如,德國教育哲學強調,真正的教育不僅在於知識的傳授,更在於學生能否透

過學習形成有價值的生命敘事，實現自我發展與社會參與。這種生命敘事即是一種精神化的歷史感，使個體不僅活在當下，更能將其生命理解為理念發展的載體。黑格爾的教化觀點正與此相應，強調教育應啟發主體自我歷史意識，進而實現自由。

對於教育實務而言，這代表教師的角色應從知識傳遞者轉變為精神引導者。他們需協助學生在困惑中尋找價值、在對話中建立倫理、在創作中發現自我。這是將知識嵌入理念運動中，使其服務於自由與整體人格的實現。

教化的未來：從制度變革到文化重構

若要實現黑格爾式的教化理念，教育必須不只是制度工程，更是一場文化運動。制度設計可以提供結構與資源，但唯有當整個社會承認精神養成為教育的核心目標，教化才有真正的未來。這種文化變革需從基層做起：家庭的價值對話、媒體的教育公共性、校園文化的倫理風氣，皆是教化能否落實的條件。

在臺灣，部分學校與社區已逐步展開將教育與生活整合的探索。例如，有學校透過跨域課程設計、節慶儀式與社區參與活動，引導學生從自身經驗出發，反思生命意義與社會責任。雖然這些實踐規模不大，但已充分展現黑格爾所謂教化之「理念在生活中具體化」的特徵。它們說明，教化的未來不必等待宏大制度改革，而可以透過在地行動與師生實踐逐步展開。

7. 教化的未來：從知識到精神養成

最終，教育若能重拾教化的原初意義，將不再只是知識之海中的航行，而是自由精神之海的探險。理念不再是抽象高懸之物，而是透過教育在人心中發芽、在生活中茁壯。這正是黑格爾所言，「理念唯有在世界中實現，才是真理念」。

結語：教化的未來展望

當代教育若欲超越知識主義的局限，便須重返教化的精神核心。黑格爾的教化觀提醒我們，教育的本質在於引導個體從自然走向理念、從工具走向自由。唯有當知識被內化為倫理實踐與價值信念，教育才不再是空洞的訓練，而是通往完整人格與自由精神之道。這正是教化未來的方向：從知識開始，走向靈魂深處。

第七章　教育與美感的辯證歷程

第八章
藝術市場與當代價值理論

第八章　藝術市場與當代價值理論

1. 美的商品化與藝術品價值建構

黑格爾對「美」與價值的哲學起點

在黑格爾的《美學講演錄》中，藝術並非僅為愉悅感官的裝飾品，而是理念（Idee）於感性形式中的具體顯現。美，不單是形式的和諧或愉悅，而是理念透過形象之展現，使主體在直觀中理解其精神本質。因此，「美」在黑格爾體系中並無固有價格，但具有不可量化的理念價值，是自由精神的外在化形態。

然而，當代藝術市場的發展卻使「美」的本質逐漸脫離理念框架，轉而進入商品邏輯的評估與流通。藝術品愈加被視為資本投資的標的，其價值常不再取決於內在審美結構或理念深度，而受限於品牌效應、市場炒作與收藏品稀缺性。黑格爾若身處當代，勢必會對此轉向提出深刻批判：當藝術不再指向理念，而只服從市場，它仍是藝術嗎？其「美」是否仍具哲學意義？

這樣的問題不僅屬於哲學範疇，也牽涉到現實的制度與資本結構。我們必須問：今日的藝術品如何被評價？它的「價值」又如何被建構？這些問題不僅攸關藝術本質的定位，也挑戰黑格爾所建立之「藝術為理念顯現」的辯證框架。

1. 美的商品化與藝術品價值建構

藝術品的市場轉化與價值重組

藝術品商品化的歷史並非自當代才開始，而是隨著資本主義與現代化的發展逐步成形。自 19 世紀起，藝術作品便逐漸脫離宗教或宮廷的保護，轉而進入畫廊、博覽會與拍賣市場。價值評估標準也從藝術家的技巧與主題表達，轉為市場供需、媒體曝光與名人背書等因素。

這一變化在 21 世紀呈現極端化趨勢。以 2021 年佳士得拍賣行為例，一幅 Beeple 創作的 NFT 藝術品〈*Everydays: The First 5000 Days*〉以 6,930 萬美元成交，創下數位藝術品新紀錄。該作品的評價與其視覺美感或理念深度無太大關聯，更多依賴於媒體話題性、區塊鏈稀缺性與投資預期報酬。這正說明，在當代市場中，藝術品的價值建構機制已由理念轉向資本結構所主導。

這種價值轉向亦發生於臺灣。近年由大型財團支持的藝博會日益盛行，例如「臺北當代藝術博覽會」便吸引無數藏家與投資者入場。許多新銳藝術家為求曝光，迎合市場喜好創作「容易販售」的作品，造成藝術創作內容趨於一致，甚至使某些媒材與風格被過度商品化。藝術品的「價格」日益取代其「理念性」，形成價值與價碼錯置的現象。

這一切挑戰黑格爾對藝術之本體性理解：當藝術脫離理念的指引，其所展現的是否仍為「真實的美」？還是已被市場邏輯

第八章　藝術市場與當代價值理論

重新定義？這不僅是藝術理論的辯證問題,更牽涉整體社會如何理解「價值」的問題核心。

商品化與審美經驗的張力

從黑格爾的視角觀之,藝術的目的不在於被買賣,而在於讓人得以在作品中「經驗理念」。這種經驗不是娛樂式的消費,也不是炫耀式的擁有,而是一種精神的提升與內在反思。然而,商品化傾向往往使藝術失去此種審美深度。當觀眾面對價值數千萬的藝術品時,可能首先關注其「投資報酬率」,而非其中蘊含的理念與倫理呼喚。

當藝術品以「可交易物件」的方式被觀看時,它所能激發的審美經驗、理念深度與批判性往往會被遮蔽。這不只是價值觀的偏移,而是一種文化現象上的「審美經驗商品遮蔽」——理念的隱退,是在市場語言支配下的結果。德國哲學家華特·班雅明在〈機械複製時代的藝術作品〉中指出,藝術品的「靈光」（Aura）會在機械複製與流通中逐漸消失。沿此觀察,我們今日亦可見:當藝術品主要被市場機制與資本炒作主導時,其原本所蘊含的理念價值與批判潛能,也可能逐漸被遮蔽乃至熄滅。

藝術品若完全由市場機制主導其價值,將削弱其作為倫理批判與社會反省的功能。黑格爾認為藝術具有揭示「真實世界樣貌」的功能,它能揭露矛盾、啟動思辨。然而當代許多藝術作品因市場考量而趨於安全、無害與形式主義,使藝術難以承擔文

化批判與精神引導的角色。這對社會整體而言，是一種審美資源的流失，也是價值教育的斷裂。

當代藝術市場的雙重結構

儘管商品化問題日益嚴重，當代藝術市場並非一元體系，而是呈現雙重結構。一方面是高端市場主導的投資性藝術流通，如國際拍賣會與財團藝博會；另一方面是社群參與、在地創作與公共藝術等非商品導向的藝術實踐。這兩者之間存在激烈的張力與差異，也正好體現黑格爾哲學中「矛盾即運動來源」的辯證觀點。

例如臺南官田拔林社區的大地藝術行動，便透過藝術家駐村、環境裝置與在地課程合作，實現藝術與社區共創。這些非商品導向的參與式實踐，雖未進入市場體系，卻在精神層次上呈現出理念的感性化，拓展了藝術的公共性與教育性功能。這種藝術實踐恰恰回應了黑格爾關於「理念與生活統一」的主張，也說明藝術不必依賴高價才能產生深刻影響。

因此，我們不應將商品化視為藝術之終結，而應理解它為一種特定的價值建構模式。而唯有當藝術市場能容納多元價值邏輯，並維持創作者的理念自由，藝術才可能在商品化環境中保有其精神性。這樣的市場結構調整，正是對黑格爾理念美學的當代表述與實踐調整。

第八章　藝術市場與當代價值理論

重構藝術品價值的未來想像

若要回應黑格爾所提出的藝術理念實踐訴求，我們應思考：在當代資本體系中，藝術品的價值能否不被價格所綁架？我們能否發展出一套能同時評估藝術之「理念深度」、「社會貢獻」與「創作誠度」的價值架構？此種價值重構，或許可為未來藝術市場的倫理化與教育性提供可能性。

在此脈絡下，藝術教育扮演關鍵角色。若學生自小僅學習如何創作「可以賣錢」的作品，其美學判準將受限於市場導向。但若教育能強調理念表達、社會參與與精神反思，將可逐步培養對「價值」之非金錢面向的敏感度。這將使新一代創作者與觀者不再將藝術等同於商品，而重新理解其作為人類精神歷程中關鍵環節的本質。

此外，藝術制度亦應有所調整。例如，政府補助應鼓勵具有社會參與性與倫理價值的作品創作與展演，並建立非營利藝術平臺，讓創作者有免於商品邏輯壓力的表達空間。唯有在這些條件下，藝術才能從商品邏輯的籠罩中獲得相對自主，實現黑格爾所謂「精神自由之形象化」。

結語：從市場價格到理念深度

藝術品的價值建構，正處於理念與資本的拉鋸戰中。當藝術淪為高價商品，它的靈魂與精神可能因此喪失；但當藝術重

新回歸理念之追求、文化之對話與倫理之探問,它便能超越市場的框架,重拾黑格爾所言之「真實之美」的力量。未來藝術市場的重構,應以此為核心——不只計算價格,更要重視理念與精神,方能重塑美的公共性與教育性。

2. 當代藝術與資本機制的共謀關係

黑格爾式美學視角下的制度介入

在黑格爾的《美學講演錄》中,藝術是理念(Idee)於感性形式中的外化,其價值來自精神的顯現與自由的實現。然而,這一理念並不發生在真空中。黑格爾清楚指出,藝術作為精神的表現形式,其發展始終與制度、文化與歷史語境交織互動。因此,當代藝術的生產、展示與流通方式若深度依賴資本邏輯,其理念性便會逐步被市場規範所取代,進而失去本體上之自由。

當代藝術與資本的關係,並非單一向度的「控制與被控制」,而是一種結構性的共謀關係。藝術制度(art institution)、拍賣市場、畫廊與收藏家之間形成複雜網絡,共同建構藝術價值、規範創作風格並塑造觀眾趣味。這樣的機制既提供藝術生產的物質條件,也對藝術理念形成強大約制。在黑格爾式辯證視野中,此一關係正是「精神在他者中實現自我」的矛盾表現,問題在於這種實現是否通往自由,還是淪為再生產的慣性。

第八章　藝術市場與當代價值理論

因此，我們必須從制度結構的角度探討：當代藝術如何在資本機制的參與下產生共謀？藝術家與制度之間的合作與妥協，是否仍保有理念的獨立性？還是藝術早已在共謀中喪失其批判潛能？這些問題不僅攸關美學價值，也直接觸及社會批判與自由意識的根本議題。

藝術制度的資本配置與選擇機制

現代藝術的展演與評價，早已不再是純藝術家與觀者之間的直接關係，而是經由制度機器所中介。以藝評人、策展人、畫廊經理與拍賣顧問為主體的制度結構，在選擇、包裝與定價藝術品的過程中，扮演了類似「第二創作者」的角色。這些制度角色並不單純執行美學判準，而更常以市場接受度、投資潛力與品牌營銷為選擇依據。

例如，某些國際藝博會會邀請策展人預先篩選可參展畫廊與藝術家，形成一種制度性的「風格壟斷」，特定類型作品（如極簡、政治表態、科技混搭）因「好賣」而獲得重複展出機會，而其他風格則被排拒於市場核心之外。此種選擇不再以黑格爾所謂「理念呈現的充分性」為標準，而以「資本流通的效率」為準繩。

臺灣藝術界也展現出相似傾向。在大型藝博如「藝術臺北」與「臺北當代」中，藝術家的「品牌背景」——例如是否留學歐

2. 當代藝術與資本機制的共謀關係

美、參與國際雙年展、獲得知名策展人青睞等——常被視為衡量其市場價值的重要指標。這些制度性條件在無形中界定了「可見的藝術」與「邊緣的藝術」，影響藝術家能否獲得高價收藏與畫廊簽約的機會。藝術在進入市場前，早已歷經一連串資本性評估，理念價值與社會意涵常被壓縮為展場形象與新聞話題。

黑格爾曾言，理念之顯現需經歷形式的載體，但當形式被體制化為選擇機制，其所攜帶的不再是理念的呈現，而是權力的流通。藝術的理念性因此可能在制度共謀中被「預設性篩除」，進一步使藝術失去其辯證批判與精神召喚之功能。

當代藝術家的角色與自主性轉變

藝術家在當代資本機制下，不再只是創作者，更是品牌經營者、社群操作員與市場應對者。他們需回應藝評、經紀人與收藏者的期待，並以系列化、量產化、話題化方式創作，以維持其市場能見度與生計穩定。在此過程中，藝術家的「創作自主性」逐漸讓位於制度運作邏輯。

這種結構性的轉變並非全然強迫，而是形塑於教育體制與產業鏈中。例如，在藝術學院教育中，學生被教導如何經營個人品牌、撰寫藝術論述、製作作品集與參與比賽。這些訓練雖具現實意義，但也可能使藝術創作傾向服務市場規範，而非源於理念之自我開展。

第八章　藝術市場與當代價值理論

　　以入圍臺北美術獎的某位藝術家為例，其系列作品結合環境議題與數位科技，技術上精緻、形式上新穎，然而其背後理念與藝術家本人的評論發言卻顯得空洞與制式。此一現象揭示藝術創作在面對「資本－制度－觀眾」三重壓力下，往往朝向形式創新與話語整合，而非哲學思考或倫理自省。

　　從黑格爾的觀點看，藝術若缺乏對理念的忠誠，其形式再繁複，也不具精神性。藝術家若僅作為制度生產線上的節點，便無法成為自由精神之創造者，而僅是美學工業的中繼站。當藝術家被迫以市場預期為創作驅動，其創作行為即無法實現黑格爾所稱「理念內在於形式之自由展現」。

藝術資本化對社會倫理的影響

　　藝術資本化不僅改變了創作機制與價值判準，也深刻影響社會整體的倫理結構。當藝術品變成投資商品、拍賣品與炫耀性消費對象，其文化意涵被轉化為象徵性資本的一部分。此一轉換造成藝術之倫理向度的稀釋，使社會難以從藝術獲得真正的文化批判與公共教育功能。

　　黑格爾在討論藝術與宗教的關係時指出，藝術應激發人對理念之感性直觀，進而昇華為倫理與精神的實踐。若藝術淪為資本累積的符號，其所引導的便不再是自由與倫理，而是階級區隔與資源不均的再現。這種現象在全球藝術市場尤為明顯：

2. 當代藝術與資本機制的共謀關係

當藝術博覽會成為資本菁英的交誼平臺,當博物館命名權被企業贊助者壟斷,藝術與公共之間的連結已被利益重寫。

臺灣在某些文創特區與藝術園區發展中亦出現類似傾向。原應屬於公共美學教育之空間,逐漸被轉化為高價藝術品展示場或商業展售中心,排除了大眾參與與公民討論之可能。此一現象象徵著,藝術若失去其倫理根基與理念承諾,將無法對公共空間進行文化建構與價值辯證。

向自由理念回歸的可能路徑

儘管當代藝術與資本機制密切糾纏,我們仍可在黑格爾哲學啟發下,尋求自由理念的回歸契機。首先,藝術制度的設計應強化創作者理念自由的保障,例如設立以理念深度與社會參與為主的資助機制,減輕藝術家對市場的過度依賴。其次,教育體系應重新強調藝術作為哲學、倫理與社會批判之工具,而非純技巧與表現的展示。

同時,觀眾的角色亦應轉變:從被動接受者成為主動詮釋與倫理參與者。唯有當社會能在藝術作品中尋找價值辯證與精神呼喚,藝術的公共性與理念性才有可能被重新激活。此一過程正是黑格爾所稱「理念之自我展開」,唯有透過多向度的社會實踐,藝術才能重新成為自由之形象,而非資本的象徵。

第八章　藝術市場與當代價值理論

結語：當代藝術的辯證危機

當代藝術與資本機制之共謀，已成為價值建構的重要背景條件。唯有理解此一結構，並在黑格爾自由理念的指引下，重建藝術創作與制度設計之倫理基礎，藝術方能超越其市場角色，重拾理念表現與文化批判的精神性。藝術的未來，不在商品的價格，而在理念的真實與自由的可能。

3. 美學判斷與市場選擇的矛盾

黑格爾論審美判斷的主體性根源

黑格爾在《美學講演錄》中，明確指出美學判斷不是一種主觀好惡的即興評價，也不是技術標準的簡單套用，而是一種主體在面對理念（Idee）感性展現時，所進行的自由認識與精神體驗。對黑格爾而言，真正的審美判斷來自主體對藝術形式與內在理念的統一性之感知，它既是一種反思，也是一種哲學的體驗歷程。

這樣的觀點對於今日藝術市場機制而言，顯得格外重要。因為在高度資本化的藝術生態中，美學判斷愈來愈受到市場選擇與價格機制的影響。藝術品不再被單純視為理念之表現，而是投資標的、媒體話題或社交資源，觀眾的審美判斷也隨之受

3. 美學判斷與市場選擇的矛盾

到外部結構深度操控。這種結構與主體性的拉扯，正是當代藝術世界的核心矛盾之一。

在黑格爾的辯證視角下，當精神自我尚未發展到能辨識理念的階段，所謂的「判斷」只是形式感的回應；唯有當主體經歷理念的內化過程，才能進行真正的美學判斷。而現代社會若未提供這樣的精神養成機制，那麼主體在藝術面前的「審美自由」也將逐漸失效。

市場邏輯對審美判斷的結構壓制

在當代藝術產業鏈中，從創作、展出到流通，藝術品的「被看見」多半需經過市場機制的層層篩選。媒體曝光、藝評推薦、藝博會曝光度、拍賣價格與策展規模等因素，逐漸取代觀眾自我思辨的空間，形成一種「預設的審美方式」：觀眾在接觸藝術品之前，已被社會言說決定其審美態度。

這種現象在社群媒體時代被極度放大。Instagram 與小紅書上的藝術帳號、網紅策展推薦、明星收藏清單等，皆對觀眾產生美學預期與風格偏好。例如，色彩鮮明、圖像辨識度高的作品更容易獲得關注與轉發，反之，觀念藝術或批判性藝術往往因不具視覺刺激而被忽視。藝術品的市場可見度即成為其美學判斷的「替代指標」。

在黑格爾看來，這種由外部標準主導的審美判斷是一種「不

第八章　藝術市場與當代價值理論

自由的美學經驗」，因為它缺乏對理念之自我思辨，僅止於感官刺激與社會反射。而藝術的真正價值，應存在於主體與理念之自由交會處，而非由市場投射出來的「價格即價值」神話中。

專業美學機構與公眾判準的張力

除了市場邏輯，當代藝術還受制於專業機構的評判機制，包括藝評人、學者、策展人與美術館評審團等。這些機構建構了一套專業語言與美學論述體系，意圖超越市場邏輯、引導大眾發展更具反思性的判斷能力。然而，這樣的體系亦常與一般觀眾的美感經驗產生斷裂。

例如，許多當代觀念藝術或互動裝置作品，強調觀念或政治批判，卻缺乏形式上之「美感吸引力」，造成觀眾無法與其建立審美共鳴。專業機構則以藝術史、理論語言與前衛立場予以高度肯定，並進一步影響藝術市場走向，最終使觀眾對於「真正美是什麼」的判準更加混亂與無所適從。

這種結構性斷裂，也發生在臺灣。例如，某些大型公共藝術競圖常選出理論性強而形式不易親近的作品，引發地方居民排斥與不解，反映出專業體系與社會直覺之間的張力。黑格爾對藝術的看法指出，美的理念應能感性地觸及群眾，而非僅屬於理論菁英的遊戲。因此，若藝術制度未能引導主體進行理念思辨，反而構築起知識與品味的階級障壁，其所謂的「專業判準」將反成抑制審美自由的工具。

3. 美學判斷與市場選擇的矛盾

審美教育作為主體判斷的重構基礎

面對市場與機構雙重壓力,重建真正的美學判斷需從教育著手。黑格爾認為,教化(Bildung)是主體走向理念的必要路徑。教育若能結合理念性思考與感性形式訓練,則可培養學生在面對藝術品時,能進行自我判斷、倫理反思與美學思辨的能力。這樣的教育不僅提升審美素養,更形塑自由主體。

在芬蘭、日本與加拿大等地的藝術教育政策中,皆重視培養學生主動表達對藝術作品的感受與觀點,並鼓勵他們從社會脈絡、表現手法與倫理意涵等面向進行詮釋。這類強調對話、詮釋與批判思維的教學方式,有助於避免學生僅以市場導向的視角觀看藝術,進而培養其對美的自主態度與價值判斷能力。

臺灣在108課綱改革中,已加入藝術涵養與文化參與作為核心素養之一,但在實際落實上仍面臨師資不足、考試壓力與課程邊緣化等問題。若無法提供穩定且深度的審美教育環境,學生對藝術的了解將仍停留於技術操作與形式模仿,難以發展出黑格爾所言的「理念內在化」能力。

因此,審美教育應強化理念訓練、跨領域結合與公共參與,使學生能在作品中尋求意義,而非僅問「值多少錢」。這樣的教育模式,將可逐步重建美學判斷的自由性與反思性,超越市場選擇所強加的標準。

第八章　藝術市場與當代價值理論

重思美學判斷的現代實踐路徑

若美學判斷要在當代重新獲得其理念地位,我們需建立一種不依賴市場價格、也不完全依附專業權威的審美實踐路徑。這樣的路徑應從公共文化建設、藝術媒體轉型與市民教育中同步展開。例如,媒體可透過評論平臺提供多元角度之藝術詮釋;公立美術館可策劃參與式策展案,讓觀眾不只是觀看者,而是價值建構的共同參與者。

此外,藝術家也需重新思考其在美學判斷建構中的角色。若藝術家只創作迎合市場或評審標準的作品,則觀眾永遠無法經驗理念的真正震盪。但若藝術家願意承擔理念的挑戰、展現倫理意圖與社會批判力,則即使面對市場壓力,其作品仍能成為主體性甦醒的火種。

黑格爾式美學判斷的精神,不是「這作品值不值錢?」而是「這作品對我、對我們、對人類的自由有何意義?」唯有當這樣的問題被重新納入藝術實踐與教育系統,美學判斷才有可能從市場選擇中脫身,重返精神自由的軌跡。

結語:從價格制約到理念思辨

當代藝術的價值判斷,長期受制於市場價格與制度話語,美的理念逐漸讓位於價格機制。然而,黑格爾式的美學判斷提

醒我們：真正的審美來自自由主體對理念之感性體認與反思實踐。若能透過教育、制度與藝術實踐的改革，使主體重新參與價值構成，美的判準將不再是價格導向，而將是理念的再生與精神自由的象徵。

4. 黑格爾美學的經濟再詮釋可能

美學與經濟的理論斷裂與交錯

傳統上，美學與經濟被視為分屬兩個世界：一方關乎理念、價值與精神自由；另一方則以效率、交換與資本為核心。但隨著當代藝術市場化、文化產業興盛與藝術品成為資產類別，美學與經濟愈來愈無法被截然劃分。這種融合與張力使得黑格爾的美學理論，獲得重新詮釋的可能性。

黑格爾在《美學講演錄》中主張，藝術的價值在於理念於感性形式中的實現。他並未直接處理經濟學概念，但其對藝術社會定位與制度條件的關注，已隱含經濟理論的批判潛力。特別是他對藝術歷史階段（象徵、古典、浪漫）與社會變遷的互動分析，為今日將藝術置入經濟場域提供了理論接口。

當藝術走入市場流通體系，其形式、價值與生產方式勢必受到經濟邏輯的滲透。這時，美學與經濟之間不再是純粹的分界，而應視為辯證的互構：藝術反映經濟條件，也同時形塑文

第八章　藝術市場與當代價值理論

化資本與價值觀。這正是我們在黑格爾視角下,思考美學之經濟再詮釋的關鍵起點。

黑格爾的理念實現與生產關係

在黑格爾體系中,「理念」(Idee)不是抽象的規範,而是一種在歷史與實踐中自我實現的精神運動。藝術之所以重要,在於它提供理念得以感性具現的場域,使主體透過經驗進入對自由、自我與世界的認識。而這種理念的「實現」,從來不是憑空進行,而是需倚賴制度、物質與社會條件。這些條件,恰與經濟結構息息相關。

以當代術語而言,藝術不僅是理念的體現,也是文化生產的一環。藝術家創作需要資源、平臺與觀眾;作品的流通需經市場機制與制度支持;價值的建構涉及勞動投入與符號交換。這些經濟元素若全然忽視,將使藝術淪為純意識操作,脫離現實生命的動力。黑格爾若在今日觀察當代藝術生產狀況,或將強調理念實現需透過具體的經濟關係與勞動過程,否則自由僅成空談。

黑格爾的理念運動向來強調「具體普遍性」:精神自由不是抽象概念,而是在特定歷史、社會與結構中被實踐。將此思維延伸至藝術經濟,則可推論:藝術的真正自由,不在拒絕經濟,而在於如何在經濟條件中實現理念的獨立與批判性。這亦為我們提供一條從黑格爾觀點出發的美學經濟理論路徑。

4. 黑格爾美學的經濟再詮釋可能

當代表現與文化資本的經濟辯證

進入 20 世紀後，法國社會學家布赫迪厄（Pierre Bourdieu）提出「文化資本」（cultural capital）概念，強調文化價值與社會階級之間的密切關聯。他指出，美學趣味並非純粹主觀選擇，而是透過教育、社會階級與資源配置所建構。此理論某種程度延續黑格爾對藝術與社會制度之關聯思考，並將其導入現代社會科學的研究語境。

布赫迪厄進一步分析藝術場域的內部結構，指出藝術家往往在追求場域自主性（即只服從藝術內部審美規則）與依賴異質性報酬（如市場利益與政治資源）之間，必須做出策略性取捨。這一張力構成藝術場域內的權力分布與象徵資本競逐邏輯。這與黑格爾所論「形式與內容的辯證統一」構成互文關係。黑格爾認為藝術的價值在於其形式能否充分呈現理念；而布赫迪厄則指出，藝術的形式在社會中被某些機制所標籤與定價。兩者交會之處，便是今日美學價值之經濟詮釋的關鍵張力。

舉例而言，當代藝術博覽會中，一位年輕藝術家的作品因媒體關注與社群操作而價格暴漲，但其實作品所反映之理念深度與技術創新有限。相較之下，另一位具批判思維與跨文化議題探索的藝術家，其作品售價與關注度則顯著低落。此種「價值錯置」現象，正說明藝術市場中的經濟邏輯，常與理念深度出現斷裂。

第八章　藝術市場與當代價值理論

　　黑格爾所言「精神自由的具體化」若無法透過經濟結構得以實現，那麼自由便無所依附。從這角度看，今日的藝術與經濟關係不僅是一種交換體系，更是一種精神是否能顯現的社會條件安排。

藝術的再生產：從理念投射到商品邏輯

　　當藝術創作愈發與經濟結構緊密結合，其生產邏輯也出現結構性轉變。原本為理念與情感驅動的創作行為，轉向以市場需求為導向的生產循環。藝術家需依據畫廊預期、媒體趨勢與市場喜好進行選題、風格與策略安排。這種從「理念投射」到「商品邏輯」的轉變，正是當代藝術經濟化最核心的症狀。

　　黑格爾對「藝術終結論」的預示——即在理念發展至哲學自覺後，藝術將不再是理念最充分的載體——在此文脈下可作全新詮釋。當藝術形式淪為消費符號與資產儲存手段，它便失去了理念能自由流動與感性化的特質，精神亦不再能於其中實現。這並非藝術之自然消亡，而是其被經濟結構吸收後之內在空洞化。

　　然而，黑格爾亦強調「理念非單一形式可絕對承載」，這意謂著藝術不應被困於某種固定型態，而需隨歷史與社會變化尋找新的展現可能。若能將當代的創作能量重新導向公共性、倫理思辨與文化批判，藝術即便身處商品化體系中，仍能以新的形式承載自由之理念。

4. 黑格爾美學的經濟再詮釋可能

黑格爾式再詮釋的當代實踐意涵

將黑格爾美學進行經濟再詮釋，最終目的不在批判藝術商品化的表面現象，而在提出一條超越價格評價、強調理念實現與社會意義的評價系統。這樣的再詮釋可具體體現在三個面向：

1. 制度設計：藝術政策不應只重視展演數量與市場效益，而應強調藝術創作的理念深度與文化貢獻。補助機制可依據創作意圖、社會參與與倫理意涵給予不同支持，避免單一市場邏輯壟斷評價。

2. 教育體系：藝術教育應從單一技術教學轉向理念養成，強化學生對美學判斷、社會責任與歷史脈絡的思考，使未來創作者能在經濟限制下保有理念主體性。

3. 觀眾參與：媒體與藝術機構應培養公眾的審美素養與價值討論空間，使觀眾能成為「理念的詮釋者」，而非價格的追逐者。這樣的文化公共性正是黑格爾所重視之「倫理生活」的當代表現。

結語：美學經濟的辯證動能

黑格爾的美學若欲在今日藝術經濟化脈絡中重新活躍，必須接受經濟結構的實在性，並轉化為理念實現的條件，而非障礙。唯有如此，藝術才能在資本世界中重拾其精神性與批判性。經濟再詮釋不是使黑格爾屈就市場，而是讓理念透過制度重構，在現代社會中再現自由之形象。

第八章　藝術市場與當代價值理論

5. 藝術勞動的無形化與創作倫理

黑格爾的勞動觀與藝術創作的精神性

在黑格爾的哲學體系中，勞動（Arbeit）並非單純的體力操作或工具性生產，而是一種自我意識於對象世界中實現的過程。尤其在《精神現象學》中，他透過「主奴辯證」闡明了勞動如何轉化為精神自由的生成力量：勞動者透過改變物的形式，亦改變自身，從而成為一個有自覺的主體。這種觀點為我們理解藝術勞動提供了根本啟示。

藝術創作並非單純產品生產，而是一種精神與理念的實現過程。藝術家透過創作行為形塑作品形式，同時也形塑其自身的價值觀、世界觀與倫理姿態。在此意義上，藝術勞動應視為一種高度主體化、反思性與具倫理深度的勞動實踐。然而，當代藝術市場與產業結構正逐步削弱這層精神性，取而代之的是對「可交換成果」的期待與「無形勞動」的剝削。

黑格爾的觀點提醒我們，若藝術失去作為勞動之本質，便無法成為理念實現的通道；若藝術家在創作過程中無法主動介入其精神內容之建構，其自由也就不復存在。因此，我們必須重新檢視當代藝術生產中，藝術勞動是如何被去物質化、被無形化，進而引發何種創作倫理危機。

5. 藝術勞動的無形化與創作倫理

當代藝術勞動的無形化現象

進入 21 世紀後,藝術勞動與傳統製造性工作愈加不同,其生產不再局限於畫室或工作坊的手作過程,而是廣泛滲透至靈感蒐集、社群經營、展覽申請、網路發布與跨媒介合作等行動中。這種非線性、去中心化的工作形式,使藝術家成為內容產業時代下的「創意勞動者」(creative laborer),其工作內容愈來愈難以被界定、計量與認定。

這正是義大利哲學家毛里齊奧・拉札拉托(Maurizio Lazzarato)所稱的「無形勞動」(immaterial labor):一種以符號創造、情感勞務與文化輸出為主體的勞動形態。在藝術領域中,這種無形勞動展現在創作構想階段、網路互動、評論撰寫與展覽參與等無實體產出的活動上,但這些活動卻構成藝術品價值的重要基礎。

然而,這種無形勞動的興起亦帶來倫理風險。許多藝術家長期投入策展、創作草圖、場地協調與媒體聯繫,卻因無明確「成品」而得不到合理報酬。更甚者,大型藝術節與文創活動往往以「曝光機會」為名,要求藝術家無償提供創作或工作時間,造成藝術勞動的系統性隱形與剝削。

以臺灣某地方藝術節為例,多位參展藝術家反映主辦單位雖提供基本展場與簡易交通補貼,但未支付創作酬勞與執行成本。藝術家需自費製作作品、布展與運送,甚至負擔住宿與餐

第八章　藝術市場與當代價值理論

食費用。此種「名義合作、實際剝削」的情況日益常見，顯示無形勞動已成藝術生產中的常態，而其倫理性卻仍乏人問津。

勞動與自由的斷裂：藝術家的倫理困境

黑格爾強調，自由的精神必須透過對外在世界的改造與倫理實踐實現。對藝術家而言，自由不僅是創作題材的選擇權，更是能否擁有完整投入創作的時間、資源與尊嚴。然而，當無形勞動占據創作流程的多數時間，卻未得到社會結構的認可與支持，藝術家的自由即轉為一種「形式自由」而非「實質自由」。

這種勞動與自由的斷裂，反映在藝術家的日常倫理選擇上。他們在市場期待與理念堅持間游移，常需在接受剝削與堅持原則之間做出痛苦抉擇。許多人為維生而參與迎合性創作，在職場中從事教學、設計或行政，僅能在零碎時間中進行創作。藝術因此逐漸變成「兼職的理念實踐」，其倫理強度與社會能量也隨之弱化。

此外，創作者在藝術產業系統中的位置亦日趨邊緣化。畫廊、策展人與贊助單位往往掌控資源與可見性，而藝術家則需不斷配合、妥協、談判。這種關係不僅加劇創作主體的依賴性，更使藝術倫理轉為制度性規範，而非主體自律的展現。

黑格爾認為，倫理秩序（Sittlichkeit）之所以高於抽象道德（Moralität），在於它是具體制度與生活實踐的整合。藝術若無法嵌入具倫理支持的制度環境，其勞動實踐將無法產生真正的自由與尊嚴。

藝術倫理的重建與制度保障

若要回應上述困境,首要任務即是重新建立藝術勞動的倫理與制度性保障。這不僅是為了保障藝術家權益,更是為了維護藝術作為精神實踐之社會基礎。具體而言,藝術政策應從「項目導向」轉向「勞動導向」,即不僅補助展覽或作品,更應補助藝術家整體創作過程中的勞動投入。

例如,歐洲多國推動「藝術家基本收入制度」(basic income for artists),提供創作者穩定生活資源,使其能專注創作,不被市場與行政壓力左右。此類制度背後的倫理基礎,正是承認藝術創作不僅是商品生產,而是一種文化與理念的公共勞動,應受社會正義支持。

此外,藝術機構應建立「無形勞動契約意識」,對策展會議、創作準備、教育活動等無具體輸出之參與過程給予合理回饋。學術機構亦應將藝術家的創作過程視為研究成果之一,納入學術評鑑體系,降低藝術家為求績效而捨本逐末之壓力。

最重要的是,整體社會需發展出一種對藝術勞動之文化認同與價值尊重。唯有當觀眾理解藝術背後的時間勞動、情感付出與理念投注,藝術家的工作才不會再被視為「興趣使然」,而是真正嵌入倫理與經濟系統之不可或缺的生產形式。

第八章　藝術市場與當代價值理論

回歸理念：重構自由精神的創作場域

　　黑格爾式的藝術觀不斷強調：藝術的價值不在於其形式精巧與市場價格，而在於其是否展現理念、喚醒精神、實現自由。在此意義上，藝術勞動的無形化並非不可逆，而是可經由制度重建與倫理反思重新被形式化、被看見、被承認。

　　未來的藝術實踐若欲回歸其精神根源，必須從勞動層面重新出發。不僅要正視藝術家作為勞動主體的權益與困境，更要重新定義創作勞動的社會角色與倫理使命。唯有當創作不再是孤立於生計之餘的實驗，而是受到制度支持、文化認同與價值承認的整體實踐，藝術的自由與理念才能真正實現於現代社會。

　　這不只是藝術家的責任，更是整個文化體系需共同承擔的任務。因為藝術，從來不只是個人的感性表達，它是整體社會對自由精神是否得以存續的集體試煉。

結語：藝術倫理的時代召喚

　　當藝術勞動逐漸無形化，其倫理與價值亦陷入模糊與剝奪的邊緣。然而，正如黑格爾所示，自由精神需透過具體的勞動實踐得以成形。若藝術要在當代資本邏輯與無形制度中維繫其理念性與倫理性，則必須從勞動的角度出發，重構其社會角色與制度保障。如此，藝術不再只是靈感與風格的展示，更是理念與勞動合一的精神實踐之所。

6. 文化資本與藝術品的象徵價值

黑格爾與象徵形式的辯證關係

在黑格爾的《美學講演錄》中，藝術被視為理念（Idee）在感性形式中的顯現，其中「象徵性藝術」(symbolische Kunst)是他所區分的三大藝術形態之一。黑格爾認為，象徵形式是理念尚未清晰具體化時的初步顯現，往往依賴強烈的外在形式與暗喻，以引發主體對精神內涵的直觀感受。這說明，藝術自始即包含象徵操作，它不只是描繪物象，而是承載意義、價值與精神的媒介。

然而，當代社會中的「象徵價值」早已超越美學與宗教的層次，成為一種資源分配與社會認同的關鍵力量。在文化資本與藝術市場交錯的場域中，藝術品往往不只是供欣賞的作品，更是社會地位的象徵、階級差異的標記與身分聲望的載體。這種現象雖與黑格爾的哲學視野不同，但也呼應他對藝術「形式」與「理念」間緊張關係的辯證關懷。

本文將探討藝術品如何在現代社會中，透過文化資本的轉化機制，成為象徵性價值的集中表徵，並評估這一過程是否削弱了藝術原本的理念實踐功能。透過黑格爾哲學與當代社會理論的對話，我們得以提出一種超越市場價格、回歸精神價值的藝術觀。

第八章　藝術市場與當代價值理論

布赫迪厄與文化資本的權力運作

　　法國社會學家皮耶・布赫迪厄在《區別》(*La Distinction*) 中系統性地分析了文化資本在社會階級再製中的作用。他指出，階級不僅透過經濟資源，也透過教育、語言風格、審美判斷與生活趣味等文化機制，強化並延續其社會優勢地位。藝術品即為文化資本運作中的核心媒介之一。對布赫迪厄而言，欣賞某種藝術風格、收藏某類作品，並非單純個人選擇，而是社會結構與階級位置的表現。

　　這種文化資本的象徵性運作，與經濟資本不同，雖不直接可換算為金錢，卻能轉化為社會聲望與文化權威，並進一步影響資源分配與公共政策。例如，一位藝術收藏家的選擇可能引導拍賣市場方向；某間藝廊的展覽策畫則可能決定未來幾年藝術風格的主流趨勢。藝術不只是文化財，它是權力場域中的槓桿裝置。

　　黑格爾若處於當代，或許會指出：當藝術被完全吸收進階級象徵的運作體系中，其感性形式即被用來遮蔽理念的普遍性，而非啟動精神的自我認知。藝術在此情境下已不再是理念的感性顯現，而是被他者意志所占據的記號。這構成黑格爾所謂「藝術之終結」的一種社會學形式：藝術淪為社會權力的形式語言，而非精神的自由實踐。

6. 文化資本與藝術品的象徵價值

臺灣藝術市場中的象徵價值結構

在臺灣，隨著藝術品成為新興投資標的與生活風格表徵，藝術品的象徵價值已逐步形成制度化結構。許多企業家、演藝名人與高端消費者積極參與藝術品收藏與拍賣，並透過社群平臺公開展示其品味、眼光與審美能力。收藏藝術品成為建立個人品牌與文化資歷的一種方式，這種現象與布赫迪厄所言「區別性消費」高度相符。

例如，某科技企業創辦人於 2022 年高調公開其私人藝術藏品，並設立「藝術基金會」與藝文空間，不僅擴大個人文化影響力，也間接主導部分年輕藝術家的發展方向。這種以文化資本擴張社會資本的機制，顯示藝術品作為象徵價值之社會實踐功能已高度成熟，其「理念性」與「倫理性」則往往淪為附帶條件。

此一現象引發的問題是：藝術品作為象徵財富，其價值是否已脫離其理念與審美內涵？當觀眾面對一件高價作品時，是否還能專注於其精神張力與情感深度？抑或只是將其視為「誰擁有它」的名片與權力展示？

從黑格爾的觀點來看，當藝術品不再指向理念，而是指向他者的地位與認同，它便喪失了作為真理之形象的資格。這種象徵化的藝術使用，使藝術作品成為社會表演的一部分，而非精神自我展現的媒介。藝術與公共性、倫理性之間的連結也因此受到侵蝕。

第八章 藝術市場與當代價值理論

象徵價值的再政治化與再詮釋可能

儘管象徵價值的形成常被視為再現階級差異的過程，若從黑格爾的理念觀點出發，我們亦可探討其轉化潛力。象徵價值本身非必然反理念、反自由，而其政治性與文化意涵端視是否被用來召喚精神的集體反思。

一些當代表現便試圖重塑象徵資本的結構。例如，社會參與式藝術（participatory art）與藝術介入行動（artistic intervention）將藝術品的價值轉移至其過程性與社會性，而非市場價格。其象徵意義不在於價格與品牌，而在於其是否引發公共對話、歷史省思或倫理對抗。

舉例而言，2021年高雄駁二藝術特區的一場由社區居民參與製作的公共藝術計畫，邀請當地長者與學生共同創作針對環境與都市變遷的視覺敘事。該計畫未進入市場流通，也未獲名人背書，但卻在地方形成深刻的文化記憶與公民對話，其象徵價值根植於倫理實踐與理念參與。

黑格爾若觀察此類作品，或將指出：當藝術之象徵形式能指向理念之自我運動，它便重新成為自由精神的表現。象徵價值若不再是地位的代理，而是理念的觸媒，它便從資本符號轉化為歷史行動的載體。

6. 文化資本與藝術品的象徵價值

重構價值：從文化資本到倫理資本

若我們承認藝術品之象徵性不可避免,那麼當代的任務便是重新定義其價值所依據的坐標。這一轉向需從「文化資本」轉向「倫理資本」：即藝術的價值不再以稀缺性、擁有者或價格為準,而是其能否啟動倫理討論、促進公共參與與深化主體性。

具體作法上,政策設計可引入「公共價值指數」,將藝術品是否具備文化教育、歷史記憶、倫理批判與社會參與等元素納入藝術價值評估。藝文機構則應重新調整收藏與展出標準,使藝術品不再僅是「誰的藏品」,而是「為誰而作、為何而作」。

教育體系也需改革美學教學,不僅培養鑑賞技巧,更強調價值思辨與象徵解讀,使學生能成為批判性的審美主體,辨識象徵資本的權力結構,進而超越它。

結語：理念與權力的辯證實踐

藝術品的象徵價值,既可能是文化資本的再現工具,也可能是理念自我實現的精神容器。黑格爾提醒我們,唯有當形式指向理念,象徵才能成為自由的形象。當代藝術的任務,不是否定象徵,而是重構象徵的方向,使其不再服務於權力,而能承載真理。此即藝術價值之未竟辯證：從象徵資本走向倫理資本,從階級符號走向公共精神。

第八章　藝術市場與當代價值理論

7. 藝術市場的辯證理論重構

黑格爾辯證法作為市場批判框架

　　黑格爾的辯證法是一種理解世界的邏輯方式，不僅揭示理念如何在歷史中自我展開，更強調每個現象內部皆包含其對立面，而發展正是透過這種矛盾的運動實現。從此觀點出發，我們可將藝術市場視為一種現代制度，其既是藝術價值的組織結構，同時也是理念變形與自由壓抑的機制場域。

　　在黑格爾看來，市場本身並非全然否定性的結構。它提供藝術品流通的空間，使創作者能從事專業創作，也讓藝術進入社會生活。然而，當市場逐漸以交換價值取代理念價值，當藝術品被評價為金融資產與社交標籤，其原初作為理念感性實現的角色便被遮蔽，市場即從媒介轉變為限制。這正是黑格爾式批判的起點：揭示自由精神如何在特定社會形式中被異化，並探尋其重新實現的可能。

　　因此，藝術市場的辯證理論重構，並非一味反對市場制度，而是思考如何透過市場結構的重新設計與理念導向，讓藝術重新實現其倫理、精神與公共性功能。亦即，透過市場之內部矛盾，引發新的制度形式，讓藝術回歸其作為自由理念實踐的本質。

7. 藝術市場的辯證理論重構

市場與理念的結構性張力

當代藝術市場面對兩項核心矛盾：一是藝術品「理念價值」與「交換價值」的分裂；二是創作者「精神自由」與市場「制度規範」的張力。前者使觀眾往往以價格作為判準，忽略作品理念內涵；後者則迫使藝術家依循市場偏好進行風格選擇、創作主題與生產節奏，進而限制其創作自由與倫理自我。

例如，2023 年某國際知名藝術家的新作於拍賣會上創下紀錄，拍賣說帖與媒體報導均強調其作品之「歷史價值」與「品牌意義」，卻鮮少提及其創作理念與社會意涵。市場操作的邏輯，使藝術品成為一種高度精緻的金融資產，而非價值辯證的對話起點。這種現象，使藝術愈發遠離黑格爾所稱「理念之形象化」。

此外，藝術家為進入藝博會、獲得資助或被收藏，往往需配合主辦單位策展主題、製作報告、進行社群行銷與品牌定位，這些規範固然為職業體系所必需，但若過度發展，將使創作者精神耗竭，形成表面自由、實質限制的矛盾場景。

黑格爾式辯證法認為，自由不是排除限制，而是在限制中實現主體性。在此意義下，藝術市場的真正問題不是限制本身，而是限制是否仍容許理念的自我生成與倫理實踐。若市場制度只剩標準化、行銷導向與資本效率，便會將藝術的自由精神逐步掏空。

第八章　藝術市場與當代價值理論

重構市場的理念基礎：倫理性與公共性

　　面對上述矛盾，我們必須從理念出發，重構藝術市場的價值導向。黑格爾在《法哲學原理》中主張，倫理秩序（Sittlichkeit）必須實現在制度層次，否則將淪為抽象道德。在藝術市場中，這代表我們需在制度中加入倫理指標與公共性思維，使市場不再僅是價格排序的場所，而是理念互動與社會反思的平臺。

　　具體而言，藝術市場應建立多元價值的評估標準。例如，公共補助與展覽機制可將「理念深度」、「社會參與」、「歷史記憶」、「倫理議題」等納入作品評選依據，而非僅以媒體關注度與市場價值作為唯一指標。此種制度設計有助於讓具有批判性、實驗性與文化反思的藝術創作獲得應有空間。

　　此外，藝術機構亦可設立「理念典藏計畫」，不僅收藏市場熱門作品，更收錄代表時代精神與價值辯證之藝術成果，建立公共美術典藏的社會文化功能。此舉不僅是藝術資產管理，更是公共記憶與倫理教育的延伸。

　　臺灣部分機構已開始實踐此轉向。例如，2022年國立臺灣美術館主辦的「問世間，情不為何物－2022臺灣美術雙年展」，聚焦原住民文化、性別平權等議題，並透過論壇、工作坊等形式，邀請觀眾參與討論，將展覽轉化為對話與思辨的公共空間。

7. 藝術市場的辯證理論重構

觀眾與公民角色的再生成

藝術市場若要實現辯證轉化，除了制度重構外，更需觀眾角色的轉型。黑格爾認為，理念的實現需經歷主體的自我運動。當觀眾僅是消費者、投資人或觀光客時，藝術的理念面向將被遮蔽。唯有當觀眾成為思考者、對話者與倫理參與者，藝術才能完成其社會與精神使命。

這樣的觀眾養成需仰賴美感教育與文化公共性的培養。學校教育應將藝術鑑賞結合倫理思辨與社會分析，鼓勵學生不只問「它值多少？」而要問「它說了什麼？為誰而說？我們是否被說服？」文化媒體與評論平臺也應強化對藝術理念的報導與詮釋，降低市場話語對價值的壟斷。

當觀眾能參與藝術價值的建構與辯證，市場便不再是被動接受的價格機制，而是理念互動與倫理形成的民主場域。這正是黑格爾理念辯證的當代表現：主體在制度中經歷理念的自我認知，進而推動制度的再生成。

黑格爾哲學中的市場未來想像

黑格爾哲學從不將世界視為靜止體，而是一場理念運動的歷史實踐。藝術市場若欲擺脫異化與功能化的危機，必須接受其內在矛盾，並將此矛盾轉化為制度創新與價值重建的動能。這種「否定之否定」正是黑格爾辯證的精髓所在。

第八章　藝術市場與當代價值理論

　　未來的藝術市場應是一個開放性空間：它允許價格機制運作，也接納理念對話；它允許創作者經濟獨立，也保障其倫理自由；它容納多元觀眾，也鼓勵深度參與。在這樣的市場中，藝術不再只是交易對象，而是精神形式、公共記憶與價值辯證的結晶。

　　這不是要取代市場，而是使市場回歸其社會角色：成為自由精神的展演舞臺。如此，黑格爾對理念、藝術與制度之結合的理想，方可在當代資本社會中重新獲得現實生命。

結語：從異化機制到理念實現

　　藝術市場不應只是價格的演算法與品牌的秩序裝置，它必須是一種理念運動的制度場。唯有當我們承認其內部的矛盾與張力，並以辯證的思維重新設計其倫理架構與公共機能，藝術市場才能從異化的結構重生為自由精神的實踐舞臺。黑格爾的哲學提醒我們，唯有將對立內化為運動，我們才能真正通往理念的實現。

第九章
宗教復興與倫理辯證的邊界

第九章　宗教復興與倫理辯證的邊界

1. 當代宗教復興的社會動因

黑格爾宗教觀：理念與人民精神的媒介

黑格爾在其《宗教哲學講演錄》中，將宗教視為理念（Idee）於「表象」（Vorstellung）的顯現，即理念不是以純粹哲學概念呈現，而是以象徵、儀式、神話與信仰等方式，使民族精神得以參與理念的歷程。在黑格爾眼中，宗教乃是一種集體精神自我認知的階段，是哲學尚未完全普及前的普遍理性實踐場域。

這樣的宗教觀提示我們：宗教不僅是個人信仰行為，也不僅屬於靈魂的私人慰藉，它更是民族精神（Volksgeist）於特定歷史條件下對自由、自我與世界秩序的理解方式。在社會秩序動搖或價值體系斷裂的時代，宗教便會重新浮現，作為穩定認同、建構倫理與調節焦慮的媒介。

而當代全球與臺灣社會，正正處於這樣一個張力交織的時刻：經濟體系不穩、政治信任低落、技術進展迅速卻伴隨孤立與焦慮、全球化與在地認同碰撞不止，種種條件共同構成宗教復興的社會背景。宗教不再只是傳統的遺緒，而是回應現代困境的有機實踐場。這樣的現象，若從黑格爾哲學觀看，正提供了重新省思理念如何在當代社會被重新召喚與重構的契機。

1. 當代宗教復興的社會動因

全球脈絡中的宗教復興現象

20世紀末以降，全球各地出現明顯的宗教復興趨勢，打破了20世紀中葉「世俗化理論」的預測。原預期宗教將隨科學理性發展而逐漸邊緣化，實則不然。美國的福音派壯大、伊斯蘭世界的宗教政治化、東歐共產體制瓦解後的正教復甦，乃至於印度教民族主義的抬頭，均顯示宗教在公共領域中重新奪回能動角色。

社會學者如何荷西・卡薩諾瓦（José Casanova）指出，宗教復興的關鍵在於其不再只是個人內在的修行，而是重新進入公共領域，作為社會論述與價值辯證的積極參與者。宗教在此意義上，已不僅是對現代性焦慮的逃避，而是一種回應與重建。特別在全球化帶來的不確定性、移民浪潮造成的文化衝突與社會原子化情境中，宗教成為重新連結群體、重建倫理秩序的文化資源。

例如，2008年全球金融危機後，美國與拉丁美洲部分地區出現大量福音派教會擴張，許多信徒表示在教會中找到集體安全感與價值穩定性。這樣的動因不僅是宗教教義本身吸引，而是在信仰實踐中，群體得以再建立互助結構與生活意義。黑格爾對宗教的理解提醒我們，不應將此視為「理性退化」，而是理念在特定歷史條件中，重新以表象形式實現的過程。

第九章　宗教復興與倫理辯證的邊界

臺灣宗教復興的在地條件

在臺灣，宗教現象向來多元且活躍。無論是民間信仰、道教、佛教、基督宗教或新興宗教組織，都展現出高度參與性與社會功能。而在近二十年間，宗教活動呈現某種擴張性發展，不僅表現在寺廟與教堂數量增加，更體現在其公共參與與跨界行動之擴大。

以慈濟、佛光山、法鼓山為例，這些臺灣本地興起的佛教團體，不僅強調個人修行與宗教教義，更積極參與公益事務、災難救援與醫療教育建設。宗教組織透過慈善行動重塑其社會角色，也藉由高度制度化與現代管理模式，適應現代社會運作邏輯，並在其中發展出新的精神形構。

此外，新興宗教亦在青年族群中取得一定關注，如身心靈療癒、能量儀式與東方哲學混合型宗教實踐日益流行。這些實踐雖難以用傳統教派定義，卻具備強烈的情感調節與自我發展功能，在疫情後尤為明顯。2020 年以後，不少年輕人投入禪修、瑜伽、塔羅與靈性導師課程，部分參與者認為這些活動比傳統宗教更能提供內在穩定與生活方向。

黑格爾若置身於今日，或會指出：這些「新型宗教表現」雖形式鬆散，然其本質上仍是理念對自身有限性之超越嘗試，是民族精神（Volksgeist）於現代語境下對理念的再一次召喚，只是

1. 當代宗教復興的社會動因

此一召喚已不再以單一神學系統為依歸,而以多元混成的方式呈現其自由渴望。

宗教復興與現代性危機的對照關係

當代宗教復興的動因,並非宗教自身力量的神祕增長,而是現代性內部矛盾的外在化與倫理困境的反射。黑格爾強調,現代主體雖在理念上達成自由,但若缺乏具體制度與倫理實踐的支撐,則自由將墮入虛空,轉為主體性的焦慮與分裂。宗教正是在這種主體焦慮中被重新召喚,其形式可能多樣,但其功能一致:回應主體的存有疑惑與倫理迷失。

舉例來說,資訊社會中雖強調理性決策與技術治理,卻無法提供整體人生意義的框架;資本主義雖提升了物質條件,卻造成精神貧乏與關係破裂;個人主義雖解放了傳統壓力,卻同時產生孤立與疏離。這些矛盾構成宗教復興的土壤,亦即理念尚未在現代社會中得到真正實現,反而在失衡中回歸表象形式。

對此,黑格爾式的回應不是回歸前現代的信仰體系,而是透過宗教現象的再省思,探問其理念基礎與倫理功能,並將宗教納入理念實現的整體歷程之中。也就是說,宗教復興若要避免成為社會退行或道德壟斷,必須回應理念的普遍性,並與倫理生活結合,而非僅止於情緒慰藉與社群認同。

第九章　宗教復興與倫理辯證的邊界

現代宗教社會學與黑格爾的再對話

在當代表述中，我們可藉由現代宗教社會學與黑格爾哲學進行深度對話。宗教社會學揭示宗教作為文化體系的持續演變能力，強調其在不同社會條件下的彈性轉換，而黑格爾則提供其精神辯證與理念自我實現的評判標準。

例如，當宗教組織主張「福音致富」或「功德投資」，將信仰轉化為經濟行動的儀式基礎，社會學可能視之為宗教與資本融合的典型案例，但黑格爾則會追問：此種實踐是否仍能引發理念的直觀與倫理提升？若宗教的目的是強化現世功利主義與個人利益追逐，那麼其復興雖具社會功能，卻已失去精神自由的本體價值。

因此，我們應從黑格爾出發，不將宗教復興視為理念的回歸，而是理念在未竟歷史條件中，透過表象重新表現的過渡形式。我們須判斷的是，這些宗教現象是否引導主體通往更高的倫理實踐與自由認識，或僅成為另類的主體逃避與權力遮蔽。

結語：宗教再現的社會現象與理念契機

宗教復興既是現代性的陰影，也是理念未竟歷程中的一次反思召喚。黑格爾的哲學提醒我們，宗教在當代表象中重生，不必然是理性敗退，而可能是理念試圖於動盪現實中尋找新的

顯現方式。關鍵在於我們能否看見這些復興現象中潛藏的倫理要求與精神召喚，並在其中重構理念與社會的辯證實踐。

2. 世俗倫理與宗教道德的交界問題

黑格爾對道德與倫理的基本區分

在黑格爾的《法哲學原理》中，他明確區分「道德性」(Moralität)與「倫理性」(Sittlichkeit)。前者指涉個人主體對善惡的內在意圖與責任意識，而後者則指涉個體嵌入制度、家庭、市民社會與國家等結構中所實現的具體道德生活。簡言之，道德性強調內心誠意與主體動機，倫理性則強調實踐環境與社會整體的規範性。

這樣的區分在探討宗教道德與世俗倫理之交界問題時具有重大啟發意義。因為宗教道德往往建基於個人對神聖律令的順服，強調良心的純潔與救贖的動機，屬於黑格爾所謂的「道德性」範疇；而世俗倫理則強調可普遍化的行動原則、公民參與、制度正義與權責平衡，乃屬「倫理性」領域。

當代社會中，宗教復興與世俗價值的張力正處於交叉點：一方面，宗教強調道德純潔與終極目的，提出具有超越性的規範；另一方面，世俗倫理則以多元文化、個體自主與社會正義為原則，排拒任何絕對性教條。此種張力使得公共生活中的倫理

第九章　宗教復興與倫理辯證的邊界

判準呈現碎裂，且時常引發政治、教育、醫療與家庭領域的實際衝突。

黑格爾認為，理念若無法在制度中實現，則僅為抽象理想；但若理念全然交由制度消化，亦可能導致精神僵化。因此，道德與倫理之間的交界地帶，正是精神辯證展開的關鍵現場。

現代社會中的倫理規範多元化

當代社會經歷世俗化與民主化發展後，倫理規範逐漸脫離宗教根基，轉向多元主體間的協商與制度建構。以人權、自由、平等為核心的倫理框架逐步成為國家立法與教育原則的依據。然而，這並不表示宗教道德已完全退出社會場域；反之，宗教倫理時常重新進入公共生活，成為倫理辯證的重要對象。

例如，在醫療倫理上，墮胎、安樂死、胚胎研究等議題，往往牽涉深層的宗教信念與個人自由之衝突。在某些天主教文化深厚的國家，墮胎被視為侵犯神聖生命的罪行；而在自由主義社會，則強調女性自主與身體完整性。類似的矛盾也見於性別平權、同性婚姻與生殖科技等議題，其背後皆是世俗倫理與宗教道德對「何為善」與「誰能裁判」的本質爭議。

黑格爾的辯證法提供我們思考這些衝突的方式：不是選擇其中一方壓倒另一方，而是尋找理念如何在兩者的對立中實現新的整合。例如，宗教信仰可成為個人倫理責任的基礎，但其

2. 世俗倫理與宗教道德的交界問題

不可強制套用於公共政策之上；世俗倫理應維持其普遍性原則，但也不可將宗教視為不合時宜的迷信。唯有透過這種辯證過程，才能建立既尊重多元，又維護公共性的倫理秩序。

臺灣社會中的倫理交界實例

臺灣社會在宗教與世俗倫理的交界上展現出高度的多元與包容，同時也不乏衝突與張力。以 2019 年通過的《同婚法》為例，正是宗教與世俗倫理對話與對抗的典型案例。支持方強調婚姻平權、人權與社會進步，反對方則多來自宗教團體，認為同性婚姻違背自然律與宗教教義。雙方皆以「愛」、「家庭」、「責任」為倫理訴求，卻因價值來源不同而無法輕易達成共識。

同樣地，在教育現場，性別平等教育也引發宗教與世俗倫理的交界爭議。部分家長與宗教團體擔憂教材「去性別化」與「性別解構」將破壞傳統家庭觀與信仰價值，教育部則主張尊重多元性別、保障學生人權。這些爭議雖常見於新聞輿論，實則深植於對倫理基礎之認知分歧：是依循啟示與信仰？抑或建基於公共理性與民主討論？

黑格爾認為，倫理生活（Sittlichkeit）不可能單靠個人意圖實現，它需透過制度協調與公共實踐完成。在此脈絡中，臺灣若能建立開放、對話與協商的倫理平臺，則可將這些衝突轉化為社會學習與理念深化的契機。宗教與世俗不應彼此排斥，而應成為促進倫理意識進步的張力來源。

第九章　宗教復興與倫理辯證的邊界

宗教倫理的公共性轉譯

要讓宗教道德能在多元社會中與世俗倫理共存，關鍵在於其能否將自身價值「翻譯」為公共語言。政治哲學家于爾根・哈伯瑪斯（Jürgen Habermas）提出「後世俗社會」理論，主張宗教信仰者可在公共領域發言，但其主張須能以世俗理性表達，使非信仰者亦可理解與回應。這種「可翻譯性」的要求，正是維繫倫理共識與社會整合的關鍵。

黑格爾雖處於前現代社會，但其對「理念需轉化為制度與實踐」的要求，與此理論殊途同歸。宗教倫理若能透過教育、文學、藝術與公共討論，將其核心價值如「慈悲」、「誠信」、「節制」、「尊重」轉化為普遍可接受的行動原則，則其存在不僅無礙世俗秩序，反而有助於豐富社會的倫理光譜。

以佛教的「慈悲不殺」理念為例，若能與動物保護、生態永續與環保飲食運動結合，即轉化為具有當代意義的倫理實踐。又如基督教的「愛鄰如己」，若能與社區照護、長照制度與弱勢援助連結，也可成為政策設計的倫理資源。這些轉譯過程需由宗教社群主動發起，亦需世俗社會給予正視與尊重。

重建倫理交界的對話平臺

面對宗教與世俗倫理之張力，社會需建立一種制度化的倫理對話平臺，使不同價值來源能在平等基礎上進行溝通與協商。

這樣的平臺不應以誰的價值為預設立場,而應承認所有倫理主張皆須通過公共論證與實踐檢驗。

在此過程中,黑格爾提供我們一項重要原則:倫理性不是抽象理念的灌輸,而是理念於生活世界的自我實現。這表示,任何倫理主張若無法在家庭關係、市民責任與國家制度中具體化,就無法構成真正的倫理生活。宗教若僅訴諸個人心靈救贖而無公共實踐,即為抽象道德;世俗若僅強調程序正義而無理念深度,亦可能陷於工具化治理。

因此,未來倫理政策與教育設計應採雙軌策略:一方面強化批判思辨、普世價值與人權意識,另一方面亦應讓學生理解宗教倫理的歷史貢獻與當代表現,並鼓勵他們在多元文化中尋求共同的倫理語言。如此,交界不再是衝突之源,而是倫理共識之起點。

結語:倫理交界的辯證思考

宗教道德與世俗倫理的交界,構成當代社會倫理辯證的關鍵場域。黑格爾的倫理哲學提醒我們,真正的倫理實踐不在於道德意圖的絕對化,而在於理念如何在制度與生活中獲得實現。唯有當宗教能翻譯自身價值、世俗能承認信仰的倫理貢獻,倫理對話才能成為理念自由的現代展現。

第九章　宗教復興與倫理辯證的邊界

3. 新靈性運動中的理念與迷思

黑格爾哲學下的靈性觀與宗教差異

在黑格爾的宗教哲學體系中，宗教所謂的「精神」(Geist) 並不僅是個體內在的感受或形上力量的模糊經驗，而是理念 (Idee) 於具體歷史與文化條件下的感性顯現。宗教之所以重要，正在於它為理念提供一種可被民族精神 (Volksgeist) 感知與實踐的表象形式 (Vorstellung)，使理念得以引導民族邁向自由的自我認知與倫理實現。

在此架構下，「新靈性運動」(New Spirituality Movements, NSMs) 這一當代現象，與黑格爾所理解之宗教存在顯著差異。新靈性不依附於傳統宗教制度、不強調教義一致性與神學體系，而是訴諸個體內在的直覺、身體感受、自我療癒與宇宙能量等語彙，以回應現代人對於失落、焦慮與自我尋找的精神需求。

問題在於，這些運動究竟是理念實現的另類形式？抑或僅是消費主義與個人主義語境下的「精神快消品」？它們是否真正促進自由精神的發展，還是以「靈性」之名鞏固現代人的存在不安？這些疑問構成我們從黑格爾視角介入新靈性運動所需面對的辯證挑戰。

3. 新靈性運動中的理念與迷思

新靈性運動的全球發展與臺灣在地樣貌

新靈性運動在 20 世紀下半葉興起，橫跨歐美、亞洲與南美地區，形式多元，包括瑜伽、靜心、靈氣療法、占星術、塔羅、薩滿儀式、水晶能量、東方哲學混成等。它們的共同特徵是去教會化、去教條化與去制度化，強調個體自主、宇宙合一與身心整合。

在臺灣，新靈性運動自 1990 年代以降迅速擴張，至今已形成一定的社群規模與市場體系。各類靈性講座、課程、工作坊在都市中頻繁舉辦，參與者多為中產階級女性、文化創意從業人員與高學歷青年。他們不滿傳統宗教的父權結構與價值壓力，也對現代社會的功利主義感到疲憊，轉而尋求一種「更高層次的生命整合」。

例如某場名為「療癒你的內在小孩」的身心靈課程吸引近百位學員參與，課程結合靜心、舞動、能量轉化與占星解析，參與者多表示感受到「情緒釋放」、「深度連結」與「宇宙安排」的奇妙回應。類似活動已成為都市生活中的另類精神實踐，並逐漸形塑一種靈性生活風格。

然而，黑格爾若觀察此現象，可能會追問：這些靈性實踐是否只停留於自我療癒與感官快感，是否能引導主體進入理念的歷史與倫理深度？若缺乏理念內容的整合與倫理實踐的延伸，那麼這些運動恐怕僅是精神消費的娛樂型態，而非自由精神的具體化。

第九章　宗教復興與倫理辯證的邊界

理念實現的潛能與危機

　　從正向意義來看，新靈性運動的興起確實反映出現代主體對於精神性、整體性與生命意義的重新渴求。在理性主義與技術至上主導的世界中，靈性提供了一種超越分割、修復存在斷裂的可能性。這與黑格爾所強調的「理念需經歷感性形式之中介」有所呼應，靈性實踐或許可被視為理念於現代生活中的回歸形式。

　　此外，新靈性運動的去中心化、去神祕化特質，亦可能促進主體的自由意識。參與者無須服膺特定信仰體系，可自由選擇實踐方式、詮釋路徑與意義建構，這一點與黑格爾所追求的「理念內化於主體」不謀而合。某些靈性社群更強調倫理責任與社會行動，如關注身心平衡、女性賦權、生態永續與地球共生等議題，顯示其並非完全脫離公共性的自我實驗。

　　但問題也正是由此而生。由於缺乏完整哲學架構與社會制度支撐，新靈性實踐容易落入空泛化、商品化與個人中心化的陷阱。在某些案例中，「靈性」不過是裝飾性的詞彙，背後則是昂貴課程、昂貴療程與「進階能量啟動」的消費鏈條；靈性從理念實踐淪為商業品牌，從精神解放轉為自我感覺良好的消費符號。

　　黑格爾提醒我們，理念若無對立運動與歷史現實的磨練，便無法真正成為自由精神的形態。當靈性實踐排斥質疑、拒絕對話，並自我封閉於「感覺對了就是對的」的主觀認知時，它

便難以承載理念,也難以推進倫理性。靈性若欲成為自由的媒介,須從「私密情感」轉化為「集體實踐」。

靈性與倫理的重構契機

儘管新靈性運動存在不少迷思,其內部仍潛藏重構倫理與理念的可能條件。關鍵在於其能否從個體療癒轉向公共倫理,從主觀感受轉向集體行動。這要求靈性運動發展出更具結構的反思機制,使參與者不僅追求內在和平,也關心外在正義;不僅探索自我能量,也回應社會苦難。

舉例而言,部分以靈性為基礎的社會運動已在全球出現,如「深層生態學」(Deep Ecology)與「蓋亞靈性」(Gaian Spirituality)強調人與自然的靈性連結,並轉化為對氣候正義與永續政策的倫理訴求。在臺灣,亦有以身心靈整合為核心的農村復耕、原住民文化保存與社區營造行動,顯示靈性若與倫理結合,可發展為具有社會動能的實踐形式。

黑格爾認為,理念需透過對抗、反省與制度實踐才得以具體化。靈性實踐若能納入對歷史、社會結構與權力關係的分析,即有可能成為自由理念的新的感性形式。這亦意謂著,靈性不能只是一種「感覺」,它必須進入「思辨」;不能只是一種「私人選項」,它必須成為「集體討論」。

第九章　宗教復興與倫理辯證的邊界

建立理念引導下的靈性教育

為使靈性實踐超越感性主觀性與市場化迷思，教育扮演關鍵角色。學校與文化機構可開展「靈性素養」（spiritual literacy）教育，引導學生理解靈性與宗教、哲學、倫理之異同，並透過藝術、文學、哲學與社會學的交會，建構多元而具批判力的靈性理解模式。

此種教育不應僅教授冥想技法或能量論語彙，而應強調理念內容、歷史脈絡與倫理反思，使學生能在面對靈性話語時，具有分析、選擇與創造的能力。這樣的教育理念與黑格爾所言「理念的自我教育歷程」完全一致，即教育即是理念於主體中的自我展開與自我實現。

此外，政策層面也應重視靈性實踐中的勞動關係與消費倫理，避免「靈性資本主義」的無規範擴張。例如，政府可要求靈性產業揭露其療癒主張的依據、收費標準與勞動契約，確保靈性空間不成為剝削或操控的溫床。這種制度性約制，正是將靈性納入倫理生活的實際步驟。

結語：靈性作為理念之可能形態與當代理念試煉

新靈性運動不該被草率歸類為迷信或情緒反應，它反映的是現代主體對理念、整體性與存在價值的深層渴求。但若靈性無法在理念深度、倫理實踐與社會行動中獲得自我反省與重

構，它也將難以承載自由精神的使命。黑格爾的辯證法提醒我們：靈性之真正價值，不在於其神祕語彙，而在於它是否能在對立與歷史之中，成為理念新的感性形式，走向自由的實現。

4. 黑格爾視角下的宗教多元現象

黑格爾宗教階序論與精神的發展路徑

黑格爾在《宗教哲學講演錄》中提出宗教形態的歷史發展模型，將各宗教依理念（Idee）之顯現方式分為三大類型：自然宗教、藝術宗教與啟示宗教。這一分類並非出自價值評比，而是為了揭示理念如何透過宗教形態，在歷史中逐步展現其自由與真理的本質。

自然宗教如印度教或埃及宗教，重感性、符號與力量的象徵，表現理念於自然崇拜中；藝術宗教如希臘與羅馬宗教，開始出現自我意識的形象化，具有道德人格神的形式；而啟示宗教則在基督宗教中達成最高型態，因其揭示理念本身即為具普遍性的自我實存（即「上帝是靈」），此為自由精神的自我確認。

黑格爾將此架構視為理念的歷史發展邏輯，不在於贏者通吃式的真理獨占，而在於每一階段皆為理念顯現之不完全形式，其多元性是精神自我建構過程中的必經節點。這一視角使我們在面對當代宗教多元現象時，得以不陷入排他式信仰競爭，

第九章　宗教復興與倫理辯證的邊界

也不必落入相對主義的空洞包容，而是將其放置於精神自我運動的歷史辯證中理解。

當代宗教多元性的制度背景

全球化、移民流動與資訊革命促成了前所未有的宗教多元化。當代都市居民常可於一公里範圍內接觸基督宗教、佛教、回教、道教、印度教、新興靈修團體與民間信仰。這種宗教「共在」現象，既代表文化自由的擴展，也帶來倫理衝突與身分焦慮。

臺灣社會即為宗教多元的典型範例。根據內政部統計，截至 2024 年，登記之宗教團體超過六千個，涵蓋佛教、道教、基督新教、天主教、一貫道、媽祖信仰、靈修團體等，尚未包括未登記之民間信仰與新興宗教。如此龐雜的宗教生態，使臺灣民眾多呈現「多信並存」、「功能取向」的宗教參與模式，既可祭拜祖先，也參與教會活動，亦可能定期參加靈性工作坊。

黑格爾若觀察此現象，將不會急於對其真偽下判斷，而會追問：這樣的多元性是否只是理念分裂後的表象混亂？抑或正是理念在自由社會中自我展開的必然表現？這一追問提醒我們，不應只從社會管理角度處理宗教多元，更應從精神哲學理解其意涵與危機。

4. 黑格爾視角下的宗教多元現象

多元宗教作為理念辯證的場域

從黑格爾觀點來看，多元宗教不是理念破碎的證據，而是理念尚未完成的實踐現場。每一宗教皆以其文化語彙、歷史經驗與人文條件顯現理念，但都不可能完全表現理念之真理，必須透過他者之否定與自身之再展開而進入更高階段。這即是「理念透過差異達成統一」的辯證運動。

當代宗教多元現象正體現此一過程。佛教強調空性、慈悲與業報，提供倫理與自我修煉的實踐途徑；基督宗教重視個人救贖與神愛，形塑家庭倫理與社群行動；伊斯蘭則以順服與規律實踐建構整體生活結構；而道教、民間信仰則在地文化中扮演療癒、保護與祖靈連結的角色。

這些宗教在彼此差異中形成張力，也在相互對話中激發理念的再省思。例如，佛教的無神性與基督教的人格神之差異，可引發對存有與他者關係的哲學探討；伊斯蘭社會生活之全面規範，亦可與西方自由主義之個人主體進行倫理對話；臺灣地方宗教與都市新靈性的融合，也呈現理念於現代生活形態中的多重試煉。

黑格爾提醒我們，唯有在他者之中自我展開，理念才會走向真理。因此，宗教多元現象不是理念崩壞，而是其辯證更新的歷史現場。若缺乏這種歷史視野與理念自覺，多元即淪為相對主義，最終導致公共倫理崩解與社會整合失效。

第九章　宗教復興與倫理辯證的邊界

宗教多元與文化認同的重組可能

在多元宗教共存的情境中，個體認同面臨挑戰與重新定位的契機。許多現代人不再僅屬於單一宗教，而是跨越信仰、選擇實踐與價值結構。例如，有人將基督宗教的愛與佛教的靜心並行應用，也有人參與教會聚會的同時保持祖靈信仰的文化儀式。這種「交織性認同」是理念於多重表象中探索統一的具體實踐。

然而，這也可能導致理念的碎裂，形成淺層化的信仰消費與功能化的宗教實用主義。黑格爾式批判在此介入，提醒我們：理念若僅被視為實用工具，其內在精神將逐漸耗竭。宗教多元的價值在於其能否激發主體對自由、責任、他者與歷史的深入思考，而非只是療癒、自利與身分安撫的心理替代品。

因此，文化政策與宗教教育應朝向促進深層對話與哲學反省的方向發展。例如，可設立跨宗教對話論壇，促進不同宗教在倫理、社會責任與生態議題上進行合作與辯證；學校課程亦可引入世界宗教史與宗教哲學，引導學生超越信仰對立，進入理念自我發展的辯證思維。

這樣的做法不但回應宗教多元的實際需求，也使社會中的理念活動不再停留於表象對抗，而能進入共通價值的生成機制。黑格爾所謂的「理念實現」，正是透過這種差異中的統一、衝突中的進展完成。

結語：宗教多元與理念統一的當代理念試煉

當代宗教多元現象既是自由社會的結果，也是理念尚未完成的表徵。黑格爾的宗教哲學提醒我們，真正的理念不畏差異，而是透過差異達成統一。若能在宗教共存中建立倫理對話、文化自覺與理念實踐的新形式，多元將不再是分裂的跡象，而是自由精神的歷史階段性成果。理念不在統一中抹除差異，而在差異中實現統一，這正是宗教哲學在當代的關鍵使命。

5. 宗教自由與國家理性的緊張關係

黑格爾對國家與宗教之辯證結構

在《法哲學原理》中，黑格爾將國家視為倫理理念（Sittlichkeit）的最高實現形態，亦即自由精神的具體總和與普遍意志的現實存在（konkrete Allgemeinheit）。國家不僅是行政體系或權力結構，而是理念透過法律、制度與公共秩序進入現實的形式，使個體得以在其中實現自由與倫理。

與此同時，黑格爾對宗教亦給予崇高定位，視其為理念於民族精神（Volksgeist）中的表象形式，是民族對自身終極本質的感性意識。然宗教雖為理念的一種展現，其形式仍停留於「表象」階段，未達「概念」（Begriff）之清晰與普遍性。因此，宗教

第九章　宗教復興與倫理辯證的邊界

雖有倫理功能,但其形式與理性尚需經由哲學予以澄清與提升。

這即形成黑格爾體系中「宗教自由」與「國家理性」之根本緊張:國家需保障宗教信仰的自由,視其為主體實現倫理生活之一部分;但同時國家亦需保持理性中立,避免被任何特定宗教理念所支配,以確保普遍意志之實現。因此,當國家與宗教面對教育、立法、政策與象徵權力時,其界線與合作就必須以理念為標準加以辯證調整。

宗教自由的基本理念與制度意涵

宗教自由作為現代憲政民主之基石,包含信仰自由、宗教實踐自由與宗教團體自主管理權等面向。其核心在於保障個人依據良心選擇宗教、改變信仰、或不信仰任何宗教之權利,並防止國家強迫人民接受特定宗教立場。

例如,《中華民國憲法》第 13 條即明文保障宗教信仰自由,相關行政命令與教育政策亦強調宗教團體之平等地位與不得差別待遇。然而,這種制度保障並非僅止於形式,當宗教自由進入公共領域、干預政策制定或主張文化優位時,即面臨與國家理性之緊張。

這種緊張在實踐中表現為三大難題:一,如何在教育體制中兼顧世俗性與宗教文化?二,如何處理宗教團體參與公共決策時所帶來的價值衝突?三,當宗教教義與國家法律產生矛盾

時，應如何衡量其倫理優先性？這些問題皆涉及理念的具體實踐方式，並非可由程序性規範輕易解決。

宗教介入公共領域的現代困局

在民主社會中，宗教團體常扮演正向的公民角色，例如參與社會福利、教育、災難救援與公共討論。然而，當宗教組織主張以其教義為政策制定依據時，即可能引發國家理性與宗教信念之價值衝突。

以臺灣的實例來看，2016 年與 2019 年針對《同性婚姻專法》之立法過程，便凸顯宗教團體介入立法遊說與公投倡議的實際效力。許多基督教組織主張婚姻僅限於異性間結合，反對同性婚姻合法化，並援引聖經教義作為其論據，強調家庭與社會秩序之神聖安排。

而支持方則依據平等權與人權觀點，主張國家不可因宗教理由剝奪特定群體之婚姻自由。此一對立使國家面臨抉擇：究竟國家應保障宗教言論的公共參與？還是維持法律規範之中立性？此即黑格爾所言，理念若無法於現實中統一對立，其自由性即無法真正展開。

黑格爾不否定宗教於倫理生活中的功能，但認為其應自覺其位置為理念的「一種感性表現形式」，而非普遍真理的唯一載體。若宗教自居為政策唯一倫理依據，便超越了其正當性範

第九章　宗教復興與倫理辯證的邊界

圍,將理念的感性形式誤認為理性概念之本體,最終導致自由之反覆否定。

國家理性與宗教倫理的對話可能

在現代社會中,真正的挑戰不在於消除宗教影響,而在於如何建立宗教倫理與國家理性之間的合法對話機制。這意味著宗教若欲參與公共論述,須接受公共理性之規範,即可被所有公民理解與辯論的語言,而非封閉之啟示語彙或不可質疑之教條。

此與哲學家于爾根·哈伯瑪斯所言之「後世俗社會中的宗教語言轉譯任務」不謀而合。他認為,宗教主張可以參與公共討論,但須翻譯為世俗可接受之理由,否則將無法構成公共合理性。而這正是黑格爾在其宗教哲學中所提之「從表象到概念」之運動──理念需在理性中展開其普遍性,始能於國家中落實。

以教育政策為例,國家可以保障宗教學校的自主性,但應要求其核心課程包含普遍人權、性別平等與批判性思考等內容。宗教可於其中呈現其信仰價值,但不可排除學生之選擇與思辨空間,亦即實現黑格爾式的「理念之自我發展」而非「外在灌輸」。

又例如宗教在生死議題上的立場,如反對安樂死與人工流產,雖應受尊重,但其政策主張若未能提出普遍性的倫理論證,

即不得要求國家立法全面禁止。國家理性不應壓迫宗教,也不可被其所左右,而應透過理念辯證之方法,在衝突中生成新的倫理共識。

臺灣制度中的界線實踐與改進契機

目前臺灣法律對宗教自由之保障已有基本體系,但對於宗教參與公共事務的規範與界線仍具模糊地帶。例如,宗教團體享有稅賦優惠與不需登記法人地位之制度,使其在參與政策遊說時缺乏公共監督機制;又如部分宗教組織開設學校、醫療機構,卻未明確區分宗教教義與公共服務之界線,易導致價值衝突或施壓爭議。

未來應考慮建立「宗教公共參與評鑑制度」,要求宗教團體若參與政策遊說或公共服務,應揭露其財務來源、治理機制與倫理承諾;並設置跨宗教與世俗代表之對話平臺,使倫理議題可在理念層次上進行辯證,而非淪為政治工具或道德綁架。

此外,政府亦應投資於「宗教與公民社會」研究與教育,使大眾能理解宗教在歷史、文化與倫理發展上的正面貢獻,並培養識別與批判教權濫用的能力。這不僅強化公民社會之判斷力,也促使宗教社群自我反省其社會角色與倫理責任。

第九章　宗教復興與倫理辯證的邊界

結語：宗教自由與國家理性的再連結

宗教自由與國家理性並非絕對對立的兩極，而是自由理念在不同實踐層面的展現。黑格爾式的辯證視角告訴我們，唯有當宗教自覺其歷史性與表象性，國家自覺其理性限制與倫理責任，雙方才能在理念之共通場域中找到對話的可能。理念不在強制一致中實現，而在承認差異中的思辨與自我展開中實現。這正是當代宗教與國家制度重構的根本方向。

6. 道德主體與宗教信仰的分合關係

黑格爾對道德主體性與宗教意識的關係重構

在黑格爾的《精神現象學》與《法哲學原理》中，道德主體性（moralische Subjektivität）不僅被理解為一種自由的內在意識，更是一種意圖能被普遍化之行動能力。對黑格爾而言，道德行動的正當性不僅仰賴內在良心（Gewissen），更須在具體制度與倫理生活（Sittlichkeit）中獲得實現。

宗教，則是黑格爾眼中理念於表象形式（Vorstellung）中的顯現。宗教意識讓民族得以感知其精神本質，但若缺乏哲學反思與倫理實踐，其形式可能停留於感性、象徵或情感階段。這使得道德主體與宗教信仰之關係處於一種辯證張力中：宗教為

6. 道德主體與宗教信仰的分合關係

主體提供終極目的與價值依據,道德則要求主體具備自主判斷與普遍可行的實踐能力。

這樣的張力在現代社會中顯得尤為重要。一方面,個體愈來愈重視道德判斷的自主性;另一方面,宗教信仰仍提供意義結構與倫理參照。個體如何同時作為自由的道德主體,又能保有對信仰之忠誠?黑格爾提供的路徑不是二元對立,而是理念在歷史與制度中的逐步統一與深化。

信仰堅持與道德自主之交錯

當代社會中,「我該如何行動」的問題,往往被擺在宗教信仰與道德主體之交界地帶。舉例而言,一位虔誠的基督徒可能在面對性別平權、生命自主等公共議題時,必須在教義規範與個人道德判斷之間進行抉擇。又或者,一位伊斯蘭信徒在日常生活中堅持齋戒與服儀教義,卻同時參與民主制度與現代職場,其倫理生活實踐已非單一系統可涵蓋。

臺灣社會亦呈現出信仰與道德實踐並行的現象。根據近年對青年族群的觀察,儘管許多年輕人表示「無固定宗教」,但他們仍普遍認同宗教價值對自律與倫理判斷具有啟發作用。這顯示,即使不隸屬於特定宗教組織,宗教作為一種文化資源或象徵語言,依然在道德感的形塑中扮演重要角色。

此一現象可理解為信仰的「文化化」或「倫理化」:信仰不再

第九章　宗教復興與倫理辯證的邊界

是教義的完整認同，而是一種道德語彙的參照系統。在此脈絡中，黑格爾的觀點提供我們關鍵啟示：理念若要實現於現代主體中，不能僅以外在命令形式出現，而應內化為主體的普遍認知與行動準則。換言之，宗教若要與道德主體性共存，必須經歷理念之轉化與倫理實踐之再形構。

黑格爾的主體辯證與信仰內化路徑

黑格爾對主體性的理解並非封閉個體的自我中心主義，而是主體於歷史實踐中逐步獲致自由的過程。他主張，真正的自由是「在他者中實現自己」，亦即主體需經歷否定、反思與制度認可，方能實現理念之自我展開。在宗教層次，此意味著信仰若無倫理實踐與制度承認，便僅止於抽象或幻想層次，無法構成真實的自由形式。

應用於當代情境，這表示信仰不應壓制主體的道德能動性，而應激發其倫理責任感。舉例而言，基督宗教中的「愛鄰如己」若轉化為對弱勢照護之社會行動，便實現了理念於倫理中的落實；佛教的「慈悲為懷」若展現為生態保育或非暴力倡議，則已超越宗教形式，進入普遍倫理實踐之域。

此種從信仰表象轉向道德實踐的歷程，正是黑格爾式辯證運動的典範：從信仰→質疑→理性內化→制度實踐→理念統合。在此過程中，主體得以成為真正的「道德存在」，宗教也得以從神祕經驗轉化為倫理生活的一部分。

6. 道德主體與宗教信仰的分合關係

分合中的制度挑戰與文化機制

然而，道德主體與宗教信仰之「分合」不僅為個體選擇問題，也深刻影響制度運作與文化規範。當道德主體性被過度強調而完全否定宗教，其結果可能導致倫理相對主義與價值虛無；而當宗教權威壓倒個體自由，則又可能導致倫理僵化與社會排他。

臺灣在宗教教育政策上即面臨此種平衡問題。由於憲法保障宗教中立與信仰自由，公立學校不得強制宗教教育，但部分宗教學校則主張以其信仰為校本核心，並在課程設計與行為規範中納入教義教導。此時，國家需判斷宗教教育是否妨礙學生發展道德自主能力，並決定是否介入。

黑格爾式回應是：道德主體性與宗教信仰的協調，不可訴諸行政禁令或自由放任，而應透過教育與制度設計實現理念之歷史辯證。政府應確保宗教學校教授學生普遍倫理原則與批判思維能力，使學生不被單一教義所限；宗教機構亦應鼓勵信徒發展內在良知與社會責任，而非僅以儀式與戒律為信仰核心。

文化機制亦扮演關鍵角色。例如，文學、影視、博物館與公共藝術等領域可呈現道德主體如何在信仰壓力下尋求自由，或如何從信仰中發掘公共倫理的可能。這些作品不僅提供思辨空間，也形塑整體社會對信仰與道德的辯證想像。

第九章　宗教復興與倫理辯證的邊界

結語：理念的雙軌實現：從主體自由到信仰倫理的整合

道德主體與宗教信仰的分合關係，並非零和遊戲，而是一場理念在歷史中的雙軌實現。黑格爾的哲學提醒我們，自由並非從宗教中逃逸，而是在其中找到自我，並轉化為具體的倫理實踐。唯有當信仰願意面對主體自由的挑戰、當主體願意汲取信仰之道德資源，理念才能在這個對立中實現其真正的統一。這正是當代精神文化需回應的根本課題。

7. 現代宗教批判的黑格爾式重探

批判的必要性：從啟蒙理性到現代宗教反思

宗教批判在現代思想史中占有關鍵地位，自 18 世紀歐陸啟蒙運動起，思想家開始將宗教視為需加以拆解、懷疑與改革的對象。康德（Immanuel Kant）主張宗教應受純粹理性之規範，盧梭則嘗試將宗教還原為人類內在道德感的表現，而路德維希・費爾巴哈（Ludwig Feuerbach）更將神的觀念視為人性異化的投射。

在這樣的脈絡中，黑格爾既繼承啟蒙對宗教的理性批判，又超越其否定性邏輯，試圖在宗教與哲學之間建立更深層的辯

7. 現代宗教批判的黑格爾式重探

證關係。對黑格爾而言,宗教不應被簡化為愚昧或幻覺,而應理解為理念(Idee)於歷史中尚未完全清晰化的自我展現。因此,宗教批判的目標不是摧毀宗教,而是揭示其理念潛能與歷史限制,使其轉化為更高階的精神實踐形式。

這樣的批判方式不同於當代流行的「文化懷疑論」或「新無神論」式否定主義。黑格爾式批判並不滿足於將宗教當作迷信,而要求哲學將宗教引導至自我意識的高度,使之進入普遍理性與倫理制度的整合歷程。這種批判本身是一場理念的再建工程,是精神辯證的內部展開而非外在解構。

當代宗教批判的困境與偏狹

進入 21 世紀後,宗教批判出現兩種傾向,一為極端理性主義主張將宗教逐出公共領域,如理查・道金斯(Richard Dawkins)或克里斯多福・希鈞斯(Christopher Hitchens)所代表的新無神論;另一為文化相對主義將宗教浪漫化,視其為民族文化與精神資源,不容置疑。

前者將宗教視為過時迷信,主張以科學理性全面取代信仰架構,卻忽視宗教在倫理建構、群體連結與存在意義中的文化功能;後者則過度強調宗教的文化特殊性,反對任何批判與普遍原則的介入,導致倫理討論停滯於文化防衛與身分政治之中。

這兩種立場雖表面相反,實則皆脫離了理念的辯證進程,

第九章 宗教復興與倫理辯證的邊界

前者停留於否定階段,後者停留於無條件肯認。黑格爾式批判則主張:批判既不是全盤否定,也不是無條件接納,而是在差異中透過否定的否定(Negation der Negation)進行理念的揚棄(Aufhebung)。

這種批判方式能提供我們一種思考宗教的新語法:不是問宗教是否為真,而是問宗教在歷史中是否仍具有理念實踐的可能性;不是問宗教能否解釋世界,而是問其形式是否有助於精神自由的實現。這樣的重探,使宗教批判從「去宗教化」走向「理念化」:將宗教視為未竟理念的歷史樣貌。

宗教批判作為理念發展的歷史運動

黑格爾對宗教的批判根本上是理念哲學的延伸。他認為宗教在精神發展的歷史中,從自然宗教到藝術宗教,再到啟示宗教(如基督宗教),其本質乃是一場理念自我意識展開的歷程。宗教中的象徵、神話、儀式與信仰,皆為理念欲顯現自身而採取的感性形式,但這些形式本身具有限制性,需透過哲學使其內在內容轉向概念與自由。

此即宗教批判的本質任務:將被遮蔽的理念內容還原,並引導其進入制度、倫理與哲學的歷史實踐。從這個觀點來看,現代社會對宗教的批判不應止於拒絕或推翻,而應嘗試分析其制度構成、象徵語法與倫理動能,並探討其是否能回應當代自

由、公義與公共理性的價值需求。

舉例而言,對於伊斯蘭教法的批判,不應僅以世俗自由為據直接否定其全部規範,而應區辨其中之倫理內核(如正義、責任、節制)是否可在現代制度中獲得新形式的展現;對於基督宗教的家庭倫理教條,也應評估其是否能經由理性論證重建為非壓迫性的價值實踐,而非因其歷史包袱而全然排除。

這種批判方式將宗教視為理念與歷史交會的產物,而非理性與迷信的二元對立。批判宗教不再是現代性對傳統的全面壓制,而是理念對表象形式的自我解放,是自由精神在歷史中不斷重構其形態的證據。

臺灣語境中的宗教批判與黑格爾啟發

臺灣社會中,宗教多元且具有高度社會能動性,惟其發展亦引發宗教批判的新課題。一方面,部分宗教團體涉入政治選舉、財務黑箱與社會操控,使社會對宗教倫理產生懷疑;另一方面,政府與媒體多採文化中立姿態,對宗教現象缺乏批判性知識與學理分析,導致批判停留於道德譴責與社會印象層次。

若以黑格爾式批判介入,將可建立一種「理念重建」的批判框架,避免掉入宗教妖魔化與文化包容主義的雙重陷阱。例如,對宗教團體濫用信仰影響選票之行為,我們可從「理念未內化於制度規範」的觀點進行評價,強調其違反公共理性而非宗教

信仰本身的錯誤;又如對靈性療癒產業之過度商業化,可分析其是否偏離理念之倫理召喚,而非一概否定其心理功能。

此外,臺灣宗教教育與宗教研究可從黑格爾哲學引入「宗教歷史階序」與「理念與表象之區分」的思考架構,使學生理解宗教不只是信與不信的問題,更關乎理念如何在不同文化與時代中具體呈現,並如何因應時代變遷進行再辯證。此種教學模式能有效超越信仰對立與相對主義,培養真正的宗教理解力與倫理判斷力。

批判的未竟之路:從否定到再生

總結而言,黑格爾式宗教批判既拒絕宗教的政治化與神學絕對化,也不願將宗教視為完全無用的傳統遺緒。他提供的是一種理念辯證的進路,主張宗教既是精神之表象歷程,也應是自由理念之孕育場。宗教若能自我批判、自我轉化,即可由信仰形式轉向道德實踐與制度整合,最終邁向哲學的自我認知。

這種辯證轉向,不僅有助於今日對宗教的理性反思,也開展了當代宗教在公共倫理與精神文化中重新獲得正當性的可能條件。唯有當批判本身不再是破壞的姿態,而是理念昇華的運動,宗教方能脫離兩極對抗的困局,走向新的自由形式與精神樣貌。

7. 現代宗教批判的黑格爾式重探

結語：宗教批判的辯證實踐

黑格爾的宗教批判提供當代宗教思考的另一種可能：不再停留於是非信仰之對立，也不退縮於文化相對的犬儒，而是在理念的辯證進程中，對宗教之形式與內容進行哲學重探。如此，宗教不再只是歷史遺緒，而成為理念不斷自我生成與公共實踐的核心動力。這是一場批判，也是一種重生的召喚。

第九章　宗教復興與倫理辯證的邊界

第十章
絕對精神的實現與未竟之路

第十章　絕對精神的實現與未竟之路

1. 黑格爾系統中的藝術與宗教終極意義

絕對精神的三重展開與黑格爾系統結構

黑格爾在其哲學體系中將「絕對精神」(absoluter Geist) 視為精神發展歷程的最高階段，並透過藝術 (Kunst)、宗教 (Religion) 與哲學 (Philosophie) 三種形式展開其自我顯現過程。這三者構成理念在感性、象徵與概念層次上的三重實現，使精神得以在歷史中完成其自我認知。

藝術為理念的直觀呈現，以感性形式 (sinnliche Form) 傳遞精神內容；宗教則將理念以表象形式 (Vorstellung) 構造出神聖秩序與終極目的；而哲學則以純粹概念 (Begriff) 的方式，將理念帶入自我認知與普遍理性中。這三者形成黑格爾體系中絕對精神的感性、象徵與理性三個層次，是理念運動的整體歷史過程。

因此，藝術與宗教不只是哲學的前身，更是精神進入自我認知與自由之必經階段。若無藝術與宗教的中介，理念將無法從抽象潛能走向具體實現。這樣的三重展開，確立了黑格爾對藝術與宗教的終極肯定：它們既是理念之必要通道，也是絕對精神得以面對自身的鏡像。

1. 黑格爾系統中的藝術與宗教終極意義

藝術：理念於感性形式中的原初閃現

黑格爾在《美學講演錄》中指出，藝術為理念在感性中的形象顯現，亦即理念未經語言或概念媒介而直接嵌入形象、形體、聲音與空間之中。藝術所傳達的，不只是技藝或裝飾，而是精神的自我顯現，是自由在可感性世界中所留下的痕跡。

黑格爾將藝術分為三大類型：象徵藝術（symbolische Kunst）、古典藝術（klassische Kunst）與浪漫藝術（romantische Kunst），對應理念顯現之不同階段。象徵藝術如埃及雕塑，理念尚未具體化，形式龐大而模糊；古典藝術如希臘雕像，精神與形式達成平衡，是理念與形象最和諧的結合；浪漫藝術如基督教繪畫與音樂，形式轉為內在表現，強調主體性與感情深度。

這樣的分類不僅是藝術史的劃分，更是精神歷史的邏輯展開。藝術透過不同時代的形式，揭示理念如何與人類感官、情感、集體記憶相結合，使自由理念以可觸、可見、可聽的方式進入人類經驗世界。

黑格爾認為，雖然藝術最終將由宗教與哲學超越，但其在人類精神歷史中之角色不可或缺。沒有藝術，就沒有理念的形象化；沒有形象，理念即無法向主體顯現。因此，藝術雖被黑格爾視為「過去的真理」，但其在理念實現史中的終極意義仍不可抹滅。

第十章　絕對精神的實現與未竟之路

宗教：理念於表象形式中的倫理召喚

宗教在黑格爾體系中具有更進一步的結構功能。若藝術是理念之感性閃現，宗教則是理念於表象（Vorstellung）之中經歷象徵、意志與倫理的組織形式。宗教不只是信仰體系，而是民族精神對於自身終極存在的自我意識，是自由理念於群體生活中的象徵性語法與道德秩序。

在《宗教哲學講演錄》中，黑格爾指出宗教之所以重要，並非因其神學命題，而是因其以可親近之表象，使理念能被普通意識所感知。人類無法直接理解抽象理念，宗教則透過神話、儀式、祭典、教義與象徵建構，使理念進入民族生活與歷史傳承之中。

以基督宗教為例，黑格爾認為其為宗教發展的最高形式，因其所呈現之神不再是外在全能者，而是道成肉身的主體，即精神自身的他者化與回歸。這一過程不只是神學敘述，更是理念的辯證邏輯：理念必須否定自身、下沉至有限存在，再於歷史實踐中實現復歸。

宗教因此成為黑格爾哲學中倫理生活的象徵基礎。它不僅傳達存在的終極意義，也建構出社會秩序、價值系統與道德關係的基本座標。唯有宗教能使自由理念成為民族群體的具體生活樣式，也唯有宗教能將個體連結至絕對精神之歷史流動中。

1. 黑格爾系統中的藝術與宗教終極意義

藝術與宗教的歷史地位與現代挑戰

黑格爾雖肯定藝術與宗教的哲學地位，但同時也指出二者於現代社會的困境與轉變。他曾斷言「藝術已不再是最高的真理形式」，因現代主體已進入理性時代，不再滿足於象徵與感性形式。宗教亦面臨表象失效與語言貧乏的危機，難以承載自由理念之整體實現。

這樣的觀點對當代文化具有深遠啟示。一方面，藝術與宗教仍是人類精神不可或缺的活動領域，其美感經驗與宗教情懷仍提供超越性召喚；另一方面，若缺乏哲學介入與理念反思，藝術淪為消費裝置，宗教淪為情緒慰藉，其精神力量將逐步凋零。

在這樣的歷史轉折點，黑格爾對藝術與宗教的終極意義提供了我們一條可能的重構路徑：不是恢復過去的形式，也不是擺脫其存在，而是使其轉化為理念運動的現代樣貌。藝術可轉化為公共空間之倫理表達，宗教可轉化為價值反思與倫理教育之媒介。唯有如此，藝術與宗教方可在理念史中持續發聲。

臺灣經驗中的藝術與宗教新形態

臺灣社會中的藝術與宗教發展展現出黑格爾式辯證之現場。一方面，宮廟文化、地方信仰與儀式活動仍深植人民生活，是宗教作為民族精神之具體實踐；另一方面，當代藝術、裝置展覽、社區劇場與公共藝術計畫，也成為理念於公共空間中的

新形象展開。

以近年臺南的社區藝術實踐為例,如 2017 年「近未來的交陪」等活動,便曾將媽祖信仰結合當代藝術展演,呈現信仰歷史、在地記憶與現代媒介的交融狀態。此類策展不僅是藝術裝置或宗教儀式的並置,更構成理念辯證的交匯場,開展了地方信仰轉化為當代表述的多重可能。

結語:絕對精神的開端:從表象至理念的歷史完成

在黑格爾的系統中,藝術與宗教不是過渡性工具,也不是抽象象徵,而是理念在世界中顯現的必要階段。它們構成絕對精神得以現身的歷史地形,是自由理念於感性與民族精神中之自我實現。若能在現代世界中重構藝術與宗教的倫理功能與理念深度,絕對精神將不再是過去哲學的餘緒,而是我們共同未竟的自由工程。

2. 哲學作為絕對精神的最高形式

絕對精神的頂峰:哲學的地位與任務

在黑格爾的哲學體系中,「哲學」不僅是一門學術知識,更是理念(Idee)對自身的全面自覺與概念化認識。若藝術為理

2. 哲學作為絕對精神的最高形式

念於感性形式中的直觀，宗教則為理念於象徵表象中的自我敘述，那麼哲學則是理念對自身的概念（Begriff）回歸與真理自證，是精神終於不再仰賴他者形象，而以自身概念形式理解與承擔自由之全貌的歷史時刻。

黑格爾在《精神現象學》與《哲學百科全書》中明確指出，哲學為絕對精神的最高實現，因其超越感性與象徵的限制，將理念提升至思辨（Speculation）的概念統一，實現理念自身的「對自身的知識」。

這並非意味哲學取代藝術與宗教，而是在三重展開中達到理念之自明與自足，使精神不再經歷外化（Entäußerung），而完成內化（Erinnerung）的辯證過程。這正是黑格爾系統中「理念回歸自我」的核心運動。哲學即是絕對精神之「回家」：從他者之界回歸自身概念性結構的歷史實現。

概念（Begriff）：哲學的本體與方法

黑格爾哲學的關鍵不在於陳述知識，而在於概念（Begriff）的生成與自我展開。概念不是抽象定義，而是理念於對立、分裂、否定與再統一中的有機運動。這種概念性（Begrifflichkeit）使哲學不同於科學的歸納，也有別於宗教的表象敘述，而是透過辯證法（dialektisch）揭示真理如何作為自我行程的歷史。

舉例而言，「自由」這一理念，在哲學中不能僅被定義為「不

第十章　絕對精神的實現與未竟之路

受限制」,而需展現其如何在否定、對立與制度中逐步展現其自我：從主觀意志到道德意圖,再到家庭、市民社會與國家中的倫理實現,最終作為理念之統一實存。哲學正是這一「自由之歷程」的概念見證與思維重構。

黑格爾在《邏輯學》中更進一步指出,概念不是工具,而是真理本身的運動形式。因此,哲學不只是思想活動的結果,更是理念於自身形式中的運動,是思想對思想之本質的理解。這樣的哲學地位,使其不僅回應知識問題,也擔負起整體精神文明的整合任務。

相對於藝術與宗教的超越與繼承

哲學作為絕對精神的頂點,其特別之處並不在於否定藝術與宗教,而是在於它能理解藝術與宗教的內在合理性,並使其被納入概念之中加以統整與揚棄（Aufhebung）。這種「超越即保存」的辯證態度,構成黑格爾對人類精神歷史深度肯定的關鍵所在。

藝術所表現的情感深度與直觀形式,在哲學中轉化為對美的結構理解與自由表達之概念分析；宗教所提供的倫理召喚與神聖象徵,在哲學中轉為對倫理生活、自由實踐與理念自我運動的理性理解。哲學因此成為絕對精神對自身歷史痕跡的整體回應,是精神之歷史經驗的自我概念化。

2. 哲學作為絕對精神的最高形式

然而，黑格爾亦強調，哲學之所以能成為終極形式，並不表示其無需前述形式之中介。事實上，無藝術與宗教之歷史實踐，哲學將無根可循。絕對精神之所以抵達哲學，不是因其抽離現實，而是因其已歷經現實所有感性與象徵之路徑。這也意味著哲學自身的倫理任務，是將理念導入現實，而非停留於抽象理性之中。

當代哲學的危機與黑格爾式重構

進入 21 世紀後，哲學面臨雙重挑戰：一方面，科學主義與技術理性主導社會發展，使哲學難以對公共議題提供具體影響；另一方面，哲學內部也陷入過度專業化與語言分析的封閉循環，脫離了對理念與倫理整體結構的思考。

黑格爾哲學提醒我們，哲學不應只是知識分類的學問，而應是理念歷史的批判性整合力量。在當代科技、資本與政治危機中，哲學的任務正是提出對自由、人性與倫理之普遍形式的思辨建構。這並非返回形上學本質主義，而是在歷史與制度張力中思考理念的具體展現與實踐條件。

以臺灣為例，在面對轉型正義、民主深化與人工智慧倫理等問題時，若缺乏哲學思維的介入，制度改革容易流於技術調整與價值衝突。若能從黑格爾的系統視角思考「自由如何實現於制度中」、「理念如何從歷史中產生現實力量」，哲學將不只是評論者，而成為制度與倫理轉型的理念動力。

第十章　絕對精神的實現與未竟之路

絕對精神的哲學完成與未竟之地

黑格爾系統中所謂「絕對精神」之完成，不是某種靜態真理的終點，而是理念通過藝術、宗教與哲學三重形式之後，終於能以自我為對象進行普遍認知的歷史時刻。這是人類精神在世界中實現自由的最高樣貌，但同時也是一個未竟的歷程，因為理念永遠在時間中展開，永遠面對新的歷史課題與實踐挑戰。

哲學作為絕對精神的最高形式，不應成為形上逃逸的庇護所，而應承擔理念重構之公共任務。當藝術與宗教面臨當代表達危機，哲學的任務是提供新的結構理解與倫理定位；當社會制度與文化價值碎裂，哲學的任務是統合理念歷史，使人類重新看見自由作為整體目標的可能性。

結語：哲學作為現代精神的自我實踐

哲學不只是思想的學問，更是理念在現實中實現自由的自我運動。黑格爾所構築的哲學體系不僅為歷史總結，也為未來打下地基。唯有當哲學重新擔起倫理思考與制度重構之任務，理念才能在當代世界重新被看見、被實踐、被生成。哲學因此不只是知識頂點，更是絕對精神的未竟工程與希望所在。

3. 絕對理念在藝術與宗教中的差異實現

絕對理念的本質與顯現要求

在黑格爾的系統哲學中,「絕對理念」(absolute Idee)是理念運動的終極結構,是邏輯、自我意識與現實總體的統一。絕對理念並非某種超越存在,而是「理念之理念」(Idee der Idee),即理念對自身歷程、結構與展現方式的全面反思與統攝,是真理、自由與精神的具體展現形式。

然而,絕對理念若僅以抽象概念形式存在,則無法進入歷史與現實,因此它必須在感性與象徵中顯現,並在藝術與宗教中,依其自身展現的不同形式,使理念得以在具體中顯現。這些不同形式不在於價值高低,而在於顯現層次與結構媒介的不同:藝術訴諸感性形式、宗教依賴象徵語彙,皆為絕對理念之「非概念形式」的歷史顯影。

這一命題構成黑格爾系統中的重要邏輯:理念要被理解之前,必須先被感受、被象徵、被直觀。因此,藝術與宗教在本質上既是絕對理念的媒介,也是理念在歷史語境中之具體限制。理解這種「差異實現」的辯證結構,有助於我們重新評估當代藝術與宗教的哲學地位與文化功能。

第十章　絕對精神的實現與未竟之路

藝術中的理念實現：感性的自由結構

在黑格爾的《美學講演錄》中，藝術被定義為「理念以感性形式展現其自身」。也就是說，藝術之所以為藝術，不在於其技法或形式，而在於它是否呈現了理念的深層結構與自由精神的生命形態。

例如，希臘雕像之所以在黑格爾體系中居於核心地位，是因其能將理念（如神、人、美）具體形象化，使觀者在直觀中感受到理念的完整與平衡。而浪漫藝術（如基督教藝術、音樂、文學）則更進一步引入主體性與內在性，使理念以「情感經驗」的方式進入人的感知結構中。

然而，藝術的力量也在此受到限制。因其依賴感性形式，藝術無法完整表達理念的邏輯結構與倫理普遍性。它能激起直觀與情感，卻無法達成自我反思與理性說明。因此，黑格爾將藝術定位為理念的「初階顯現」，是一種必要但未完成的實現形式。它啟動了理念的可感知存在，卻尚無法構成理念的自我認知。

以當代為例，一部以身體行為為主體的現代舞蹈作品，可能展現出自由、苦難與人性之辯證，但其意義必須透過語言說明、文化詮釋與倫理回應方能得以深化。黑格爾正是要指出：理念在藝術中是「被感覺到的理念」，而非被認知、被說明、被實踐的理念。

3. 絕對理念在藝術與宗教中的差異實現

宗教中的理念實現：象徵的倫理系統

宗教則提供了另一種理念實現方式。與藝術不同，宗教不僅訴諸感性直觀，而進入表象（Vorstellung）的領域。在《宗教哲學講演錄》中，黑格爾認為宗教能夠「以圖像與敘述的方式」構建一整套理念世界，使普遍理念得以進入人民生活與倫理行為中。

宗教的基本任務，不只是安慰或祈禱，而是提供一種道德宇宙結構，使人類的行動、目的與關係有其終極依據。例如，在基督宗教中，「上帝」不是抽象存在，而是被建構為全知全能的絕對人格，其與人之關係，構成整體倫理生活的基礎。人在宗教中不僅是感受理念，而是與理念有關聯性的存在者。

這種關聯性讓宗教超越了藝術的感性限制。宗教不只是呈現理念，更在其中建立了價值體系、行為規範與歷史敘事，使理念進入歷史生活的深層結構。然而，正因其依賴象徵與敘事，宗教也面臨「形象化的限制」：神性經常以人類語言、性格與倫理裁決的方式被建構，導致理念失其普遍性與批判力，容易轉化為教條與權力。

黑格爾對宗教的批判即在此：宗教雖實現理念於群體生活中，卻往往停留於象徵而非反思層次。若宗教無法自我概念化，便無法進入哲學所開展的絕對理念之普遍性歷程。

第十章　絕對精神的實現與未竟之路

差異的辯證：理念在形象與思辨之間

藝術與宗教皆為理念的具體實現，但二者的差異在於表達媒介、倫理深度與概念能力。黑格爾強調，這種差異不應被視為價值高下之區分，而是理念在歷史中不得不經歷之多層顯現路徑。每一種形式都有其必要性與歷史正當性。

藝術提供情感直觀，使人能在非語言的空間中與自由理念建立初步接觸；宗教則透過信仰、象徵與倫理實踐，將理念轉化為群體秩序與生活方式；而哲學則是在此基礎上進行自我概念化，將理念轉化為歷史與制度的批判形式。

這種差異的辯證，讓我們理解理念不只是靜態真理，而是歷史過程中不斷與感性、象徵、實踐形式進行對話與自我實現的動態整體。換言之，理念從未在單一形式中完成，其真理性即來自於其必須經由他者而通往自身的辯證運動。

當代語境中的差異實現新樣貌

在當代社會中，藝術與宗教的理念實現形式也出現新的混合與轉化。當代藝術大量融入政治批判、環境倫理與身分議題，宗教則日益傾向於靈性化、多元化與去教條化，兩者皆朝向更具倫理自覺與主體參與性的形式發展。

例如，臺灣某原住民族藝術計畫融合部落祭儀與當代雕塑裝置，藉由祖靈信仰與自然倫理，表現族群歷史與土地關係。

此種作品既非純藝術、亦非傳統宗教，而是理念在感性與象徵交會處所開展的新形態。這種實踐方式體現了黑格爾所謂理念在非概念形式中的「再生可能性」。

哲學在此並非否定者，而應成為詮釋者與整合者。黑格爾式哲學應擔起辨識理念之不同展現樣式的責任，並追問其是否真正推動自由、倫理與歷史自覺。唯有如此，絕對理念才能持續在歷史變遷與文化交錯中被看見與實踐。

結語：理念顯現的歷史辯證

絕對理念的實現從未只透過單一路徑，而總在藝術的感性閃現與宗教的象徵秩序中探索其真理形式。黑格爾的哲學提醒我們：差異不是對立，而是理念通往自身的歷史動力。唯有在理解這些差異中，我們方能看見理念如何在歷史、文化與人類精神之中不斷發聲。這也是現代哲學對藝術與宗教的根本任務──不斷揭示理念的多重顯影與自由生成。

4. 精神歷史中的藝術、宗教與哲學

黑格爾的精神史觀：歷史作為理念的自我展開

黑格爾在其整體哲學系統中，以歷史為理念運動的具體場域，主張「歷史即理念的實現」。這意味著，人類歷史不是偶然

第十章　絕對精神的實現與未竟之路

事件的集合，也不是力量競爭的結果，而是自由理念（Idee der Freiheit）透過時間、制度與文化形態實現自身的歷程。

在黑格爾的精神哲學體系中，他將絕對精神的三種展現形式——藝術、宗教與哲學——視為理念逐步實現於歷史中的階段性表現。這三者並非單純依時間先後排列，而是展現出精神從感性直觀、透過宗教中的象徵與表象，再推進至哲學中概念思維的內在進程。

這樣的結構安排，不只是哲學的抽象理論，也是對整體人類文明發展的歷史詮釋。每一階段的藝術風格、宗教形式與哲學體系，皆為其時代民族精神的顯影，構成一場理念透過感性與實踐獲得具體形貌的辯證歷程。

藝術作為精神史的原初形象化

藝術是絕對精神於歷史中最早期的形式，其功能在於將尚未反思的理念，透過感性形式（sinnliche Form）轉化為形象與情感，使精神得以「看見自己」，即實現初步的自我顯現。

從象徵藝術如古埃及金字塔、古文明神像，到古典藝術如希臘雕刻與悲劇，再到浪漫藝術如基督教繪畫、音樂與文學，藝術在每一階段皆以其時代的語言與感性媒介，承載理念的特定形態。藝術既是歷史經驗的凝結，也是精神於形式中實現自由的方式。

4. 精神歷史中的藝術、宗教與哲學

然而,藝術的力量也有其邊界。正因其依賴感性媒介,藝術在歷史進程中逐漸無法回應更高層次的倫理複雜性與理性反思需求。當精神意識升高,進入自我與他者之關係的倫理問題,藝術不再能單靠直觀形象來回答人類對「意義」的追問,此時,宗教開始承接其任務。

宗教作為理念的倫理實踐與象徵構成

宗教延續藝術之精神歷史角色,但其任務更加深入:將理念不只是形象化,更透過象徵(Symbolik)、儀式(Ritus)與道德教義(Lehre)建構出一整套倫理生活與世界圖像,使人類群體得以將自由理念內化為公共秩序與倫理實踐的核心。

黑格爾認為,宗教之所以重要,是因其讓自由理念不再只是「被感受」的真理,而成為「被信仰」的結構。宗教提供超越性的標準,使人類超越自身利益與欲望,進入一種普遍責任與倫理關係中。神性之所以必要,不是因其神祕,而是因其代表了理性尚未能完全概念化的自由與整體性的象徵性集中。

歷史上的宗教型態 —— 從自然宗教、民族宗教、道德宗教,至啟示宗教(特別是基督宗教)—— 皆是理念在不同文化語境中之發展樣貌。它們不是彼此敵對,而是理念逐步擺脫外在性、轉化為主體性、進入歷史實踐的階段性成果。

然而,宗教最終仍受限於表象與象徵。當精神需要以概念

第十章　絕對精神的實現與未竟之路

形式理解其本質、對自身歷程進行整體批判與再組織時，哲學作為理念之自我認知形式，便成為歷史的必然登場者。

哲學作為精神歷史的自我總結與再開展

哲學是精神歷史的「內化記憶」(Erinnerung) 與「再結構」。在黑格爾體系中，哲學不是知識的最後一站，而是理念對自身歷程的全面意識，即「理念對自身是什麼」的完全呈現。透過哲學，精神不再藉助外在形象或象徵，而在概念中與自己相遇。

這種哲學的角色，使其不只是抽象的反思工具，而是整體歷史之自我認知。黑格爾稱此為「絕對知識」(das absolute Wissen)：理念知道它自身是什麼，並且意識到歷史與制度皆為其顯現方式。此時，哲學成為文化、政治、宗教與藝術之自我整合與判準機制，是「精神為其自身所是之物」。

在歷史層面，這意味哲學能在制度危機、宗教爭議、藝術轉型之際，提供一種深層反思與重構視野。當今世界所面對的倫理難題——如氣候正義、數位資本、民族認同、科技倫理等——若無一種整體理念視野之貫穿，將難以形成真正的社會共識與倫理制度。哲學在此正扮演黑格爾式的歷史責任：理念自我實現的辯證工具。

4. 精神歷史中的藝術、宗教與哲學

當代文化中的三種精神形態再交織

今日的世界雖已進入高度理性與技術化階段，但藝術、宗教與哲學作為精神歷史的基本形態，並未消失，反而以新的方式共存與交織。黑格爾的架構提供我們一種辨識這三種形態在當代文化中重新相遇的理論視角。

以臺灣近年來的「文化轉型正義」為例：藝術創作中大量回應白色恐怖與原住民歷史；宗教團體參與創傷療癒與倫理倡議；哲學家與思想工作者則從制度批判、歷史詮釋與價值重構中介入公民對話。這種交織並非機緣巧合，而是理念於不同感性與理性層面同時展現的歷史需求。

同樣地，面對數位時代的虛擬空間，我們也看到藝術（如 AI 生成影像）、宗教（如元宇宙冥想與虛擬儀式）、哲學（如數位倫理與演算法正義）共同出現於同一文化場域。這些例子提醒我們：精神歷史從未結束，只是進入新的表達語言與辯證層次。

結語：三重形態的再統一

藝術、宗教與哲學構成黑格爾對精神歷史的三重書寫方式。它們不是排除性的發展階段，而是理念於歷史中的三種必要形式。理解其差異，辨識其功能，並尋找其再統一之可能，是當代表達與倫理實踐的根本任務。當我們重探這三者之間的辯證結構，不僅回應了歷史，也為在現代社會中重新落實理念鋪路。

第十章　絕對精神的實現與未竟之路

5. 歷史性、精神性與自由的再辯證

歷史作為精神自我認知的場域

黑格爾在《歷史哲學講演錄》中指出，世界歷史是理念於時間中的實現過程，是世界精神在具體民族歷程中的展開。此一命題意味著，歷史並非事件的堆疊，也非無規則的偶然組合，而是理念透過人類意識、制度發展與文化行動不斷揭示自身的舞臺。歷史即理念的時態存在，是精神自我實現的具體過程。

歷史性在黑格爾體系中並不等於時間性，而是一種理念的展現方式，是自由不斷面對他者性、否定自身並重構結構的運動型態。從古代的命運性社會、經歷宗教與君權的道德體系，到現代民主制度的建立，皆是自由理念逐步顯現其普遍性的歷史現象。

這種理解下的歷史，不再是知識性的陳列或國族記憶的構成物，而是精神之自我意識的辯證紀錄。我們透過歷史來理解自己，並不是為了重演過去，而是為了使自由成為現在可行的選項。黑格爾式歷史觀的革命性在於，它使歷史與倫理、精神與制度之間建立起邏輯關係，使得每一次歷史判斷都是自由理念的再一次選擇。

5. 歷史性、精神性與自由的再辯證

精神性作為自由實現的結構條件

在黑格爾的精神哲學中,「精神」(Geist)是哲學中最高階的核心概念之一,其涵義遠超出心理意識,而是指整體人類主體性在歷史與制度中的有機展現。精神不是抽象本質,而是主體於他者中經歷否定與回歸後所獲得的自由實現。

精神的核心功能,在於將個體意識與倫理總體結合,使自由不僅是主觀意願,更是制度安排、文化實踐與道德承擔的總和。因此,精神總是歷史性的,其形式與表現必須透過社會體系、法治結構、宗教儀式與哲學思考具體展開。黑格爾稱此為「倫理秩序」(Sittlichkeit)的實體性運作。

精神性的歷史結構性,意味著自由不能僅從心理學或個人主義的角度加以理解,而必須放在倫理共同體與制度承認的脈絡下考量。一個人唯有在被他者認可、在法律中被保障、在文化中被理解的條件下,才真正成為自由的實踐者。這樣的結構性理解,讓精神不再是抽象觀念,而是理念自我實現的社會身體。

自由的辯證運動:從個體到制度

自由理念在黑格爾體系中的辯證展開,始於意志的形式階段 —— 即任意意志(Willkür)對選擇自由的實踐,但尚未具備理念內容與普遍性。隨著主體逐步意識到自由須內含理性與責任,自我意志進入道德性的反省階段,並在倫理秩序(Sittlichkeit）中，透過家庭、市民社會與國家的制度架構，使自由不僅作為個人意志存在，更得以成為普遍理念的具體實現。這一歷程並非自然自發，而是理念透過歷史進程與制度建構逐步完成的倫理結構。

黑格爾拒絕將自由理解為「不受限制的行動」，他強調自由的真實形態在於「合乎理念的必然性」。換言之，真正的自由不是行動的無限，而是行動與倫理制度、與公共理性、與他者自由之和諧。這樣的自由既是主體的，也是結構的，既是內在的倫理召喚，也是外在的制度保障。

在這種理解下，自由成為一種高度歷史化、制度化與反思化的實踐形式。它必須透過歷史事件檢驗其倫理基礎，亦需透過精神形態（藝術、宗教、哲學）驗證其文化正當性。自由的實現從不單靠個人覺醒，而需建立於整體精神結構的持續辯證中。

當代自由困境與再辯證的可能

當代自由面臨的挑戰不僅是制度的不完備，更是精神結構的失衡。個人主義的擴張使自由流於消費選項與自我主張，而失去其倫理內涵與歷史深度；政治體制的形式化則使自由理念失去行動能力，成為象徵性修辭。這些現象皆反映出自由理念的斷裂與精神性的停滯。

5. 歷史性、精神性與自由的再辯證

　　黑格爾式的再辯證要求我們從歷史與制度中重新思考自由的實現條件。自由若無倫理連結，則淪為權利索求；若無制度支撐，則成為空洞許諾；若無精神自我反思，則失去方向與深度。因此，當代之任務是重構自由的三重結構條件——歷史性、精神性與制度性——並使其重新合一為倫理實踐的動能。

　　例如，臺灣社會於近年推動轉型正義與文化記憶重構，即為理念於歷史中自我實現的具體表現。若此一過程能與教育改革、哲學對話與藝術創作結合，不僅能實現自由的制度條件，更能激發精神對自由的文化承擔。這正是黑格爾式再辯證於當代語境的實踐可能。

哲學的角色：理念歷程的中介者

　　黑格爾認為，哲學不只是學問的終點，而是理念於現實中運動的認知形式，是精神歷史自我展開的概念載體。當歷史失語、精神停滯、自由疲弱，唯有哲學能在理論層面重構其邏輯，並於文化實踐中提供方向與判準。

　　哲學的任務，不在於提供新教條，而是使人類重新看見自由作為理念之自我實現的歷史歷程，並為此歷程提供制度架構、文化語言與倫理承擔。這樣的哲學不僅是思辨，更是行動的前提，是自由於歷史中不再消散的最後堡壘。

第十章　絕對精神的實現與未竟之路

結語：自由的辯證未竟

　　黑格爾式的歷史觀、精神論與自由理論提供當代思想一種系統性的反思可能。在理念漂浮、精神碎裂與歷史退化的今日，重新構築「歷史性、精神性與自由」三者的辯證關係，正是哲學最根本的任務。自由從來不是命定的結果，而是理念不斷自我否定與再生的工程。若我們仍願追求自由，那麼這場再辯證的歷史，就永遠未完待續。

7. 絕對精神的當代召喚與未來想像

絕對精神：黑格爾哲學的最高構想

　　「絕對精神」（absoluter Geist）是黑格爾哲學體系中最為精緻且最具綜合性的概念之一。它不只是精神發展的頂點，也是一種對整體現實、自我與自由的最終理解方式。在《哲學百科全書》第三部〈精神哲學〉中，黑格爾將藝術、宗教與哲學視為絕對精神的三重實現樣態，透過感性、美感與思辨，使理念（Idee）得以完全成為對自身的知識。

　　絕對精神並非超越世界的神祕實體，也不是純然的形上學存在，而是理念在歷史中自我意識的完成形式。當自由精神經歷自然的外在性、自我意識的掙扎、制度的對立與倫理的統整

7. 絕對精神的當代召喚與未來想像

後,它最終抵達的不是逃離現實,而是「在現實中意識到自身為理念」的狀態。此即黑格爾所謂的「理念與實在的統一」。

這樣的絕對精神,並不終結於哲學的書頁之中,而是對整體文化、制度、倫理與教育的未來發出召喚。它不是一種靜止完成的理性建築,而是一種永不止息的反思運動與自由實踐的可能性空間。

當代文化中的絕對精神失語症

然而,進入 21 世紀後,絕對精神的歷史召喚似乎遭遇一場「精神失語症」。首先是文化碎裂。藝術失去了公共性與倫理感召,轉而被資本與市場邏輯宰制;宗教淪為身分政治與私密心理的庇護所,難以建立普遍倫理對話空間;哲學則日益專業化,遠離公共論述與制度改革的現場。

其次是科技的壓制。人工智慧、演算法治理、虛擬實境與技術官僚主義,逐步取代理念的倫理辯證與精神自我形成,使人類在資訊洪流中失去「思考自身是誰」的根本能力。當真理淪為演算法選項,當道德感退縮為個人偏好,絕對精神所代表的自我認知與倫理整合能力,遂淪為文化博物館中的歷史遺緒。

再者,制度與政治亦缺乏承載理念的動力。當代民主雖在形式上延續自由主義架構,實質上卻出現理念內涵的空洞化與倫理實踐的弱化。黑格爾筆下的國家作為普遍意志之體現,已

第十章　絕對精神的實現與未竟之路

逐漸轉化為行政機器與輿論場域，缺乏將理念整合為制度生命的能量。

這些現象表面看似多元與自由，實則構成對絕對精神的全面遮蔽，使人類在文化與制度上失去對自我與整體的歷史自覺。

絕對精神的當代表述與倫理重建

然而，黑格爾的哲學精神從不僅止於批判。他強調理念總是透過否定的否定（Negation der Negation）獲得重生。因此，正是在當代的失語與裂解中，絕對精神的召喚才更為急切。這一召喚的核心，不是回到舊有形式，而是以當代表述方式，重新構築理念在藝術、宗教與哲學中的當代生命力。

首先，藝術需回歸倫理性與公共性。藝術不應僅是市場與個人風格的遊戲場，而應重新承擔「理念的感性顯現」之功能。公共藝術、環境藝術、社會介入型創作，皆有可能成為自由精神於空間、形式與群體經驗中的新顯影。例如，結合原住民文化與氣候正義議題的當代表演藝術，即展現理念如何以感性方式回應世界。

其次，宗教需面對哲學批判並重建倫理基礎。宗教若能轉化為文化對話與靈性教育的平臺，而非排他性教義系統，則有可能重新成為理念在群體生活中的價值結構。如部分基督教組織與穆斯林社群參與難民援助、永續發展與社會正義行動，正

7. 絕對精神的當代召喚與未來想像

展現宗教如何從象徵形式邁向倫理實踐的理念轉向。

第三,哲學應擺脫象牙塔,進入教育、制度與公共論述的實踐場域。哲學不只是分析與詮釋,而是理念在現代生活結構中的建構力量。哲學對 AI 倫理、生態正義、制度改革與人文教育之介入,是絕對精神於當代再現的必要條件。唯有哲學重新回到公民社會,理念才不致於凋零於學術邊緣。

絕對精神作為未來召喚的方向

黑格爾並不認為絕對精神的完成意味終點。相反,絕對精神所帶來的是一種對未來的倫理義務:理念的運動永無終止,自我認知的過程必須不斷重啟。絕對精神的當代意涵,不在於回歸某種大敘事,而在於承認每一個歷史時刻皆可能重新開展理念的自由實踐。

這一未來想像可展現於三個層面:

1. 制度面:以理念為基礎重新設計民主形式,使其包含倫理教育、跨世代正義與全球責任。絕對精神作為普遍意志之自我認知,要求我們將政策制度視為倫理生活的具體建構,而非利益協商機制。

2. 文化面:重啟以理念為核心的藝術與宗教再創造,使感性經驗與象徵秩序成為倫理實踐的媒介。透過新型態公共空間、記憶場域與儀式形式,將自由理念具體化於日常生活。

第十章　絕對精神的實現與未竟之路

3. 教育面：建立哲學為基礎的教育結構，使學生能理解歷史中的理念運動，並發展批判性、系統性與倫理性思維。絕對精神不再是哲學課程中的高端名詞，而是教育的終極目標：使人成為有自我意識、有倫理實踐能力的自由主體。

結語：理念仍在召喚

絕對精神不是歷史的遺產，而是未來的潛能。在自由理念遭受全球危機挑戰的今日，黑格爾的系統哲學提供我們一種不屈於懷疑、不退於虛無的思想能量：理念仍在運動，歷史仍在展開，而自由仍需實現。絕對精神之召喚，並非來自天啟，而是來自我們自身對未來的責任。而哲學的任務，正是在於提醒我們：理念未竟，行動不止。

後記

　　這本書的寫作，是一段穿越理論、文化與歷史的旅程。從構思到完成，歷時數月，過程中不斷重讀黑格爾的文本，也不斷與今日的世界對話——一個理念四散、制度破裂、倫理語言失重的時代。越是在這樣的時代，我越覺得黑格爾的哲學並不遙遠，反而比任何時候都更具實踐性與迫切性。

　　黑格爾主張，哲學並非逃避現實的抽象思辨，而是理念在世界中透過歷史與制度自我實現的過程。這樣的主張始終伴隨著本書的每一章節。不論是討論藝術的公共性消解、宗教的倫理轉向，還是理念如何在教育與制度中斷裂又再生成，我都深深感受到：我們的世界，仍在尋找一種能夠整合歷史與未來的思想方式。而黑格爾的哲學，正是那種不允許我們逃避現實的系統思考。

　　但這不是一場對經典的膜拜，也不是為黑格爾作思想庇護，而是一次重述、重建與挑戰。我相信，任何一套哲學若要延續其生命，都必須經得起當代問題的洗禮與詰問。唯有如此，理念才不是書頁上的記憶，而是思想與行動中不斷更新的火種。

後記

　　這本書的完成，也得益於許多人的幫助與啟發。感謝編輯團隊在內容結構上的細緻建議，讓這本原本過於哲學化的手稿，能夠在語言與閱讀體驗上更貼近思想公共性。亦感謝我的讀者與學生們，他們的提問總是精準而尖銳，使我必須放下抽象語言，重新思考理念該如何落實、如何成為行動的語言。

　　我特別想向那些願意在思想中尋找未來的讀者致意。你們的閱讀不是為了解答，而是為了延續辯證。若這本書的某些段落能使你重新相信：思想仍有價值、理念仍有召喚、自由仍可實現，那麼這本書的使命就不只是學術成果，而是一場精神上的再開始。

　　最後，寫完這本書，我更深地相信——歷史從未結束，而理念仍在路上。自由不是已經到來的現實，而是每一代人都必須重新承擔的倫理責任。而這份責任，不該只屬於哲學家，而是屬於每一個願意凝視世界、並為之負責的人。

　　願這本書，能陪你走一段理念與現實交會的道路。

國家圖書館出版品預行編目資料

黑格爾的歷史與絕對精神——從藝術到宗教的現代辯證 / 杜秉佑 編譯 . -- 第一版 . -- 臺北市：崧燁文化事業有限公司 , 2025.07
面； 公分
POD 版
ISBN 978-626-416-646-1(平裝)
1.CST: 黑格爾 (Hegel, Georg Wilhelm Friedrich, 1770-1831) 2.CST: 學術思想 3.CST: 現象學
147.51　　　　　　　114008301

黑格爾的歷史與絕對精神——從藝術到宗教的現代辯證

編　　譯：杜秉佑
發 行 人：黃振庭
出 版 者：崧燁文化事業有限公司
發 行 者：崧燁文化事業有限公司
E - m a i l：sonbookservice@gmail.com
粉 絲 頁：https://www.facebook.com/sonbookss/
網　　址：https://sonbook.net/
地　　址：台北市中正區重慶南路一段 61 號 8 樓
8F., No.61, Sec. 1, Chongqing S. Rd., Zhongzheng Dist., Taipei City 100, Taiwan
電　　話：(02) 2370-3310　　傳　　真：(02) 2388-1990
印　　刷：京峯數位服務有限公司
律師顧問：廣華律師事務所 張珮琦律師

-版權聲明

本書作者使用 AI 協作，若有其他相關權利及授權需求請與本公司聯繫。
未經書面許可，不可複製、發行。

定　　價：375 元
發行日期：2025 年 07 月第一版
◎本書以 POD 印製